John Prince-Smith, Karl Braun

Die Sozial-Demokratie auf dem Reichstage

John Prince-Smith, Karl Braun

Die Sozial-Demokratie auf dem Reichstage

ISBN/EAN: 9783743679641

Hergestellt in Europa, USA, Kanada, Australien, Japan

Cover: Foto ©Suzi / pixelio.de

Weitere Bücher finden Sie auf **www.hansebooks.com**

Die

Sozial-Demokratie

auf dem Reichstage.

~~~~~~~~~

I. Aufsatz von John Prince-Smith.
(Separat-Abdruck aus der Vierteljahrschrift für Volkswirthschaft.
Jahrgang 1869. Bd. I.)

II. Rede des Reichstags-Abgeordneten Dr. Carl Braun.
(Nach dem stenographischen Berichte.)

Berlin.

Verlag von F. A. Herbig.

1869.

Es ist sehr gut, dass die Lohnempfänger unzufrieden mit ihrer Wirthschaftslage sind, und sich mit vereinten Versuchen zur Besserung derselben in Bewegung gesetzt haben. Nichts Unverbesserliches giebt es, als Menschen, welche sich stumpfsinnig in ihr Darben schicken, ohne die Kraft, zu wünschen oder zu hoffen, viel weniger zu fordern oder zu streben. Solche Wesen sind, so zu sagen, dem Griffe des Kulturtriebs entschlüpft. Wie niedere Organismen breiten sie sich wimmelnd aus, oder schrumpfen verdorrend ein, jenachdem äussere Einwirkungen ihnen Raum lassen oder entziehen. Eine solche Bevölkerungsschicht in England, als Erzeugniss der dortigen Gesetze zur Pflege der Armuth, machte die Volkswirthe am Anfang dieses Jahrhunderts dermaassen stutzig, dass sie sich fragten, ob denn ihre ›Erforschung der Entwickelung des Wohlstandes‹ nicht auf eine Darlegung der Unaufhaltsamkeit des Elends hinauslaufen dürfte. Aber das Kulturleben bewegt sich doch, und schlägt Wellen, welche bis in die versumpftesten Schichten aufrüttelnd dringen und Kraft aufregen; und wo Kraft sich noch zeigt, ist Rettung. Und die unteren Schichten unseres Volks, die niemals gänzlich verdumpft waren, angeregt durch die grossen politischen Vorgänge im Vaterlande, und berufen durch das erlangte allgemeine Wahlrecht zur Mitbetheiligung an der öffentlichen Pflege der Gemeininteressen, regen und rühren sich mit erfreulicher Kraft. Sie fassen ihre Stellung, sowohl im Staate als im Volkshaushalte, ins Auge und fragen sich, wie weit die Staats- und Wirthschaftsgesetze

1*

ihrem Wohle Rechnung tragen. Sie wollen, wie alle Welt, Hebung ihrer Lage. Sie werden einsehen lernen müssen, dass diese nur Hebung ihrer selbst sein kann, aus eigener Kraft. Denn Jeder vermag sich nur auf derjenigen Höhe zu erhalten, die er zu ersteigen die Kraft hat. Anfangs sträuben sie sich gegen diese Wahrheit und möchten sich ihre Aufgabe leichter stellen; aber die Erfahrung der Fruchtlosigkeit von Versuchen in falscher Richtung wird allmählig auf die rechte Bahn führen. Das Streben berichtigt schliesslich das von ihm untrennbare Irren. Wenn die Lohnempfänger Vereine stiften, gemeinschaftliches Handeln berathen, Kassen zu gemeinschaftlichen Zwecken bilden, Kongresse abhalten und Einrichtungen zur Durchführung gefasster Beschlüsse treffen, so liegt schon hierin eine Hebung ihres geistigen Lebens, die an sich eine Besserung ihrer Lage ist und unausbleiblich zur Aufbesserung ihrer Wirthschaftsstellung führen muss. Bei dem Verwalten ihrer Kassen zur Krankenunterstützung, Invalidenversorgung und Begräbnissbesorgung lernen sie das Versicherungswesen und auch, was ihnen sehr fehlte, das Rechnen. Bei ihren Konsumvereinen lernen sie den Handel kennen, und gewinnen eine oft nützliche Art von Sparkasse. In ihren Berathungen haben sie nicht verfehlen können, einige der Uebel herauszuerkennen, welche am augenfälligsten dazu angethan sind, die Lohnempfänger herunterzubringen. Es haben sich unter ihnen Stimmen erhoben, welche richtig erkannten, dass die Wirthschaftslage doch im Grunde abhängig ist von der körperlichen Leistungsfähigkeit, der erworbenen Geschicklichkeit und der befestigten Willenskraft zum Erstreben eines angewöhnten Maasses von Befriedigung, — mithin von der Ausbildung und Verpflegung in der Kindheit. Als Quelle unausbleiblichen Verkommens musste es einleuchten, wenn Kinder, anstatt die Schule zu besuchen und sich im Freien zu tummeln, zum Lohnerwerb hingegeben werden durch Eltern, welche eine Ehe eingingen mit der Berechnung, dass nicht sie ihre Kinder ernähren und erziehen, sondern diese ohne Erziehung sich selbst und die Eltern mit ernähren sollten. Und man erkannte auch, dass hiermit in engstem Zusammenhang die

Frage steht wegen der Beschäftigung der Familienmütter ausserhalb des Hauses, und wegen einer solchen Bemessung der Arbeitszeit, dass der Mann zur körperlichen und geistigen Erholung genügende Zeit habe, und auch Zeit, sich der Familie zu erfreuen, für deren Gedeihen er arbeitet, und aus deren Freuden ihm die Willenskraft zum Emporstreben entspringen soll. Es ist zwar begreiflich, dass die Lohnempfänger geneigt sind, die Schuld an den sie bedrückenden Uebelständen Anderen beizumessen und Abhilfe durch Gesetzesgewalt zu suchen, oder wenigstens sich Dasjenige verbieten zu lassen, was sie zu unterlassen nicht die Willenskraft haben. Aber zu der Erkenntniss müssen sie doch gelangen, dass sie, als freie, selbstverantwortliche Menschen, doch immer schliesslich durch die Festigkeit ihres eigenen Entschlusses ihre Lebenslage zu gestalten haben und, wie schwer es auch sei und wie lang es auch dauere, sich für die bessere gesellschaftliche Stellung erziehen müssen. Und haben sie, indem sie mit erwecktem Sinne die Dinge in weiterem Kreise erfassen, den Zusammenhang zwischen der Wirthschaftslage und der geistigen und sittlichen Kraft erkannt, so sehen sie den Weg vor sich, auf dem sie sich emporringen können. Schon durch die empfangene Geistesanregung werden sie strebsamer, leistungsfähiger. Weil sie mehr und besser schaffen, können sie besser gestellt werden. Sie pflegen ihre Kinder und erziehen sie zu einer steigenden Leistungsfähigkeit, welche eine immer steigende wirthschaftliche Stellung sichert. Wir begrüssen die sich zeigende Bewegung der Lohnempfänger, als den unerlässlichen und unfehlbaren Hebel wirthschaftlichen Fortschritts.

Aber freilich, wenn Volksklassen, die bisher nicht gewöhnt waren, über ihren sehr engen Wirkungskreis hinauszublicken, den weiteren Zusammenhang der Dinge zu prüfen beginnen, so kann es nicht ausbleiben, dass sie anfangs die Beziehungen sehr schief auffassen, zumal wenn sie von Missmuth durch Leiden erfüllt sind. In dem Maasse, als die ihnen gestellte Aufgabe Anforderungen an sie selber stellt, und Erfolg nur als Frucht längerer Kulturarbeit verspricht, werden sie geneigt sein, Jedem

Gehör zu geben, der den Weg zu kürzen, die Lösung zu er-
leichtern verspricht; sie geben sich um so williger dergleichen
Vorspiegelungen hin, weil sie darin wenigstens Nahrung haben
für ihre Einbildungskraft, und ein Mittel finden, die Mängel
ihrer Lage auf Augenblicke zu vergessen. Sie sagen sich, dass
ihnen am leichtesten geholfen werden könnte, wenn die Uebel,
unter denen sie leiden, nicht in ihrer eigenen mangelhaften Erfüllung unerlässlicher Kulturbedingungen lägen, sondern aus der
Gewalt von Bedrückern herrührten; sie hätten dann, anstatt
Anforderungen an sich selbst, Angriffe gegen Andere zu richten;
anstatt sittliche Kraft auszubilden, eine äussere Macht zu errichten, sich zusammenzuschaaren, der Willkür einer entgegen-
stehenden Klasse ihren Massenwillen entgegenzustellen. Eine
Kulturfrage, die schwierigste, die es giebt, verwandelt sich dadurch in eine Rechtsfrage, deren Lösung man nicht durch Arbeit, sondern durch Kampf zu suchen hat. Und für Menschen,
welche, bisher in Allem untergeordnet, nichts mitzureden hatten,
ist der Reiz unwiderstehlich, von sich reden zu machen, sich
als eine Macht vorzustellen, die bald herrschen wird und jetzt
schon bedrohlich erscheint. Und wo es Gläubige giebt, fehlt
es nie an Propheten. Die Nachfrage ruft Angebot hervor. Wo
eine Menge, ohne Kenntniss der Grundbedingungen des wirthschaftlichen Gemeinwohls, begierig ist, sich einen Umschwung
vorzuspiegeln, bei dem das Unterste nach oben käme, da finden
sich bald Leute ein, welche der Begehr die entsprechende Speise
zu bereiten beflissen sind. Sie machen dabei ein ebenso leichtes
als einträgliches Geschäft. Sie brauchen bloss die unklaren
Wünsche der Menge zusammenzufassen, ohne der Unklarheit
derselben Eintrag zu thun, und den Missmuth, aus dem die
Wünsche entspringen, in entsprechende Redensarten zu kleiden,
um in weiten Kreisen sich berühmt zu machen und mit einem
Sitze im Reichstage beehrt zu werden, als Spezialvertreter der
›Arbeiterinteressen‹. Hierzu gehört nur, dass sie die Instincte
der Einsichtslosen theilen, und sich jenen Redefluss aneignen,
welcher sehr leicht ist, wenn man sich bei Behauptungen nicht
durch die Thatsachen, und bei Folgerungen nicht durch die

Logik geniren lässt. Und mit Thatsachen und Logik diese
Leute zwingen wollen zum Eingestehen der Verkehrtheit und
Verderblichkeit ihres Treibens, das hiesse nur, sie auffordern zum
Verzicht auf die ihnen so wohlfeil *dargebotene einträgliche
Lebensstellung. Mit Hinblick auf die Begehr der Menge ist
ihr Treiben nicht verkehrt; und für sie selber nicht verderblich.
Ihre Ausführungen, wenn auch bisweilen scheinbar an ihre
Gegner gerichtet, sind doch immer nur für ihre Anhänger zu-
geschnitten. Wenn wir uns also auf eine Beleuchtung derselben
jetzt einlassen, so ist es nicht etwa, um mit jenen Mundstücken
der missmüthigen Lohnempfänger zu rechten, sondern um ein
nöthiges Wort an Diejenigen zu richten, welche die Pflicht
haben, für die Wahrung der Grundlagen des Wirthschaftswohls
im Interesse Aller, der Besitzenden wie der Besitzlosen, ein-
zustehen. Denn zur Erfüllung dieser Pflicht müssen sie zunächst im Klaren sein über Dasjenige, was sie zu wahren haben.
Und, wir müssen es rund heraussagen, diese Klarheit fehlt bei
Vielen, denen sie zumeist noththäte. Und sollte das ihrer
Obhut anvertraute Kulturgut Schaden nehmen, so kann es nur
durch die lässige Wahrung geschehen; und nicht die Angreifer
sondern die Hüter trügen dafür die Verantwortung. Ganz er-
klärlich ist es, wenn untergeordnete Beamte einige Neigung
zum Socialismus hegen; denn ihrem Brodherrn, dem Staate,
gegenüber, machen sie selber das »Recht auf Arbeit« geltend,
d. h. ein Recht auf Gehalt, auch während Zeiten der Erkran-
kung und der Geschäftsstille, sowie auf Invalidenversorgung;
sie beanspruchen Zahlung nicht nach dem Marktwerthe ihrer
Leistung, sondern nach ihren standesmässigen Bedürfnissen; und
sie können dieses, weil sie einen Brodherrn haben, der, durch
Gesetze der Konkurrenz wenig beschränkt, seinen Absatz und
seine Preise fast beliebig diktiren kann. Die Stellung der
Beamten ist eine durchaus sozialistische; und der Sozialismus
wiederum ist nur ein Projekt, den industriellen Lohnempfängern
eine Beamtenstellung zu verschaffen; was eben darum nicht
geht, weil der industrielle Geschäftsunternehmer nur so lange
und so viel zahlen kann, als es ihm der Erlös gestattet, wel-

chen der Markt bestimmt, und weil er nicht, wie der Staat, einen Ausfall decken kann durch Griffe in die Taschen Anderer. Dass also Beamte, in den Produktionsgeschäften nicht bewandert, diesen Unterschied nicht einsehen, vielmehr eine Stellung, welche ihnen selber so recht ist, auch für Andere billig halten möchten, ist, wie gesagt, leicht begreiflich. — Wenn dagegen Leiter des Staats es für zulässig halten, mit dem Sozialismus zu spielen, als einer gelegentlich handlichen Regierungswaffe, weil der ›rothe‹ Popanz in Frankreich einst eine Bourgeois-Opposition ins Mauseloch trieb, so werden sie doch nicht verkennen, dass das Unterscheidende am Königthume die Vertretung der Erblichkeit, des ununterbrechbaren Besitzes ist; dass die Mittel der Macht nur so lange einer Regierung zufliessen können, als die auf den Besitz gegründete Wirthschaft, unter Wahrung des Besitzes, in Gang erhalten wird; wogegen bei einer Stockung des Wirthschaftsganges unter erschüttertem Besitze die staatliche Machtmaschine sich bald in der Lage einer Feldarmee in verarmter Gegend ohne die Möglichkeit von Zufuhren befände. Sie werden nicht verkennen, dass, wiewohl Opfer an Gut, Blut und Freiheit, mögen sie noch so gross sein, immerhin auferlegt werden können, sofern sie nöthig sind, den Besitz, den Wirthschaftsgang und die staatliche Selbstständigkeit zu sichern, doch eine Regierung, welche für die gebrachten Opfer nicht einmal Schutz des Besitzes gewährt, es gerade an derjenigen Leistung fehlen lässt, auf Grund derer man eine Regierung überhaupt zu den nützlichen Einrichtungen zählt. Eigentliche Staatsmänner können es mit dem Sozialismus nie im mindesten ernst nehmen. Aber das Spielen damit, um nervenschwache Gegner ein wenig bange zu machen, kommt sehr theuer zu stehen, im buchstäblichen Sinne, nach Thalern und Groschen gerechnet. Denn jede die Geschäftsunternehmer befallende Bangigkeit macht sich sofort in geschwächten Steuererträgen fühlbar; und sollte gar die theils gegebene, theils geduldete Ermunterung der sozialistischen Ansichten zu einer ausgedehnteren erheblichen Störung der Geschäfte, wenn auch nur auf kurze Zeit, führen, so möge es sich der Finanzminister gesagt sein lassen, dass unter allen darunter Leidenden gerade er die grössten Schrecknisse durchzumachen hätte. — Doch näher, als Beamte und Staatsmänner, gehen uns bei dieser Sache die Geschäftsmänner an, unter denen, so sonderbar es auch klingt, es einige giebt, die ihr eigenes Wirken im Volkshaushalt so wenig klar erfassen, dass sie die sozialistischen Auffassungen für mehr oder weniger begründet halten, wenigstens die Gegengründe nicht einsehen, und darum wirklich ein böses Gewissen haben, als wenn sie sich eingestehen müssten, dass ihre Gewinne thatsächlich auf Kosten ihrer Arbeiter gemacht würden, was sie zaghaft und darum noch verwirrter macht. Dies ist das Allerschlimmste. Denn ernstlich gefährdet wäre unsere wirthschaftliche Kultur, wenn deren Träger nicht aus dem Gefühl voller Berechtigung den Muth schöpften, die Grundlagen derselben aufs entschlossenste zu vertheidigen.

Im norddeutschen Reichstag, am 17. März, hielt der Abgeordnete Dr. *Schweitzer* einen ausführlichen Vortrag über die Ansichten, Ansprüche und Absichten der sogenannten »Sozialdemokraten,« als deren Parteigenosse er sich ankündigt. Danach ist es die Ansicht derselben, dass »heute die ganze Produktionsbewegung weiter nichts ist, als ein beständiger *gesetzlicher Diebstahl* der Besitzenden an den Nichtbesitzenden«; desshalb erheben sie den Anspruch, dass »die Produktionsmittel im gemeinsamen Eigenthum stehen sollen«; und »in Anbetracht des hartnäckigen Widerstandes der besitzenden Klassen« erklären sie die Absicht, »einen Krieg zwischen der Arbeitskraft und dem Kapital organisiren zu wollen«, weshalb sie jetzt vorzugsweise darauf sehen müssen, »dass die Widerstandskraft der Arbeiterbevölkerung so erhöhet werde, dass sie später in den Angriff übergehen kann.« Deutlich genug ist diese Ankündigung. Und mit Recht wurde darauf im Reichstage hervorgehoben, dass es einen grossen Fortschritt in unseren staatlichen Einrichtungen darthut, wenn wir eine höchste öffentliche Versammlung von Volksvertretern haben, wo dergleichen mit voller Sicherheit ausgesprochen und mit voller Ruhe angehört wird. Den Sozialdemokraten das freie Herausreden beschränken, hiesse eingestehen, dass man ihnen nicht Gründe, sondern nur Gewalt entgegenzustellen hätte. Erst wo sie selber zur Gewalt greifen sollten, ist ihnen mit den gesetzlichen Mitteln der Staatsmacht zu begegnen. Bis dahin lässt man sie getrost in freier Luft ihr Pulver verpuffen, welches gerade durch Einschliessen Explosionskraft erhielte; der Qualm mag lästig sein, bleibt aber ungefährlich. Die passende sofortige Abfertigung erhielt die Sozialdemokratie durch Dr. *Braun,* in einer Gegenrede, welche, nach Inhalt und Form, zu den hervorragendsten Leistungen parlamentarischer Beredsamkeit und Schlagfertigkeit gehört, und von der Versammlung mit verdienter Anerkennung aufgenommen wurde. Aber der sozialdemokratische Vortrag entzog sich völlig, durch die kennzeichnende Verfilzung seines Stoffes, jeder Auseinanderlegung, und darum jeder mündlichen Widerlegung im Einzelnen. Auch schriftlich lässt sich jener Vortrag nicht anders widerlegen, als dadurch, dass wir ihn Satz für Satz zerlegen und durch betreffende Anmerkungen beleuchten. Diesem, der Sträflingsarbeit des Wergzupfens verwandten Geschäfte, haben wir uns wahrlich nicht zur Kurzweil unterzogen. Wo also die Erörterung Anforderungen auch an die Geduld unserer Leser stellen sollte, werden diese hoffentlich billig berücksichtigen, inwiefern die Schuld davon in dem behandelten Stoffe liegt. Unsere Kritik kann in nichts Anderem bestehen, als in einem umständlichen Vorführen von Allbekanntem und Selbstverständlichem. Wenn aber Auslassungen, denen nur mit einer fast banal klingenden Kritik zu entgegnen ist, das Recht erobert haben, in den Verhandlungen des Reichstags angehört zu werden, so müssen wir sie, dieser äusserlichen Stellung willen, einer Beachtung würdigen, zu der uns ihr innerer Gehalt nicht hätte veranlassen können.

Abgeordneter Dr. *Schweitzer*: Meine Herren! Sie werden mir zugeben, dass ich nicht die Gewohnheit habe, das Hohe Haus mit langen Reden aufzuhalten; indessen ich muss heute, ich will nicht sagen lange sprechen, aber doch länger als gewöhnlich. Ich werde diejenigen Zusätze und Abänderungen, welche meine Parteigenossen und ich zur Gewerbeordnung beantragen, heute in ihren Grundzügen Ihnen in Aussicht stellen, und damit ich dies kann und Sie in der Lage sind, unsere Anträge richtig zu würdigen, bin ich genöthigt einige Grundbegriffe des Sozialismus hier zu entwickeln. Ich glaube wohl, es ist der Mühe werth, dass dies hier geschieht — vielleicht zum ersten Mal in Deutschland auf der Tribüne eines gesetzgebenden Körpers. Sie mögen vom Sozialismus halten was Sie wollen, so viel steht fest, dass es eine Richtung ist, welcher ein grosser Theil der Arbeiter thatsächlich huldigt. Wir gehen von dem Gesichtspunkt aus, dass das Verhältniss zwischen Kapital und Arbeit ein *Kriegszustand* ist, und um diese Auffassung zu rechtfertigen und diejenigen Mittel zu rechtfertigen, die wir zu dem Kriege nöthig zu haben glauben, ist vor Allem nöthig, dass ich auseinandersetze, warum und wie dieser Kriegszustand vorhanden ist und warum wir uns berechtigt halten, diesen Krieg überhaupt zu führen. — Wenn man ein Werk der ökonomischen Wissenschaft nach der herrschenden Schule aufschlägt, so findet man die Behauptung aufgestellt, welche im Wesentlichen richtig ist: dass alle Einnahmen der heutigen Gesellschaft, durch welche das Ergebniss der nationalen Produktion unter die Einzelnen vertheilt wird, dreierlei sind: 1. *Arbeitslohn*, 2. *Kapitalgewinn*, 3. *Bodenrente*. Was zunächst den *Arbeitslohn* betrifft, so ist es kaum nothwendig, über die Bedeutung dieses Wortes etwas hinzuzufügen. Der Arbeitslohn ist eben der Preis, welchen der Arbeiter für die Arbeitskraft, die er auf Tage oder Wochen verkauft hat, erhält. Was den *Kapitalgewinn* betrifft, so zerfällt er einmal in den Zins, d. h. denjenigen Werth, den ein Kapitalist für das blosse Verleihen seines Kapitals ohne alles Risiko erhält, und ferner in den Unternehmergewinn, d. h. denjenigen Gewinn, welchen ein Waarenproduzent dadurch macht, dass er das Kapital thatsächlich in der Produktion engagirt. Ich muss hier ein Missverständniss fernhalten. Man hört hier und da sagen, der Unternehmergewinn sei theilweise Arbeitslohn. Das mag richtig sein. Insofern der Unternehmer bei der Leitung der Produktion mitwirkt, kann er sagen, dass der entsprechende Theil seines Gewinnes Arbeitslohn ist. Indess bei der ganzen Frage, über welche hier verhandelt wird, entscheiden die Verhältnisse der Grossproduktion. Das kleine Handwerk und Erscheinungen ähnlicher Art sind Zwittergestalten aus früherer Zeit, welche mehr und mehr verschwinden. Bei der grossen Produktion aber ist der Theil des Unternehmergewinns, welcher als Arbeitslohn betrachtet werden könnte, sehr untergeordnet. In grossen Fabriken oder bei Eisenbahn-Unternehmungen ist das Gehalt des Direktors, wenn nicht der Unternehmer selbst dirigirt, eine verschwindende Grösse im Verhältniss zu demjenigen, was überhaupt an Werth eingenommen oder als Dividende vertheilt wird. Wir können also diesen Gegenstand ausser Acht lassen. Wir wollen den Kapitalgewinn rein nehmen in seiner Erscheinung zunächst als Zins und weiter als denjenigen Unternehmergewinn, der übrig bleibt, wenn man absieht von dem Antheil, den der

Unternehmer sich als Arbeitslohn nehmen kann; derjenige Theil des Unternehmergewinns, der, wie man behauptet, dem Risiko entspricht. Wir haben drittens die *Bodenrente*, d. h. denjenigen Profit, den Jemand dadurch macht, dass er Eigenthümer von Grund und Boden ist, und der durchaus nicht zusammenfällt mit dem Kapitalgewinn. Dass in letzterer Beziehung zwei verschiedene Elemente vorliegen, tritt deutlich im Falle der Pacht hervor. Wenn man sich ein grosses Gut denkt, welches verpachtet ist, so macht der Pächter mit dem Kapital, mit dem er auf diesem Gute arbeitet, seinen Kapitalgewinn, und abgesehen von diesem Kapitalgewinne ist er in der Lage, dem Eigenthümer des Grund und Bodens ein Pachtgeld, die sogenannte Bodenrente, zu zahlen. — Meine Herren! Wir haben also die drei Einnahmequellen der heutigen Gesellschaft festgestellt, und über diesen Punkt, soweit er uns hier interessirt, ist auch eigentlich kein Streit. Es handelt sich nun, da doch hier ein Tauschwerth vorliegt, der sich unter gewisse Klassen der Gesellschaft vertheilt, darum, herauszubringen, wie denn diese verschiedenen Klassen der Gesellschaft dazu kommen, den Tauschwerth, dieses Ergebniss der nationalen Produktion, unter sich zu vertheilen.

Unsere Vierteljahrschrift bestreitet gründlich diese ›in den Werken der ökonomischen Wissenschaft‹ aufgestellte Dreitheilung der ›Einnahmen der heutigen Gesellschaft.‹ Jedermanns Einnahme rührt von dem Erlöse aus einem *Geschäfte* her, gleichviel, ob dieses in dem Betriebe von Fabrikation, Handwerk, Handel, Transport, Ackerbau, oder was sonst, bestehe. Eine wesentliche Unterscheidung giebt es nur zwischen den *bestimmten, vorausbedungenen* Bezahlungen für industrielle Kräfte, Dienste oder Vorräthe, also Lohn, Gehalt, Zins, Pacht, und dem *unbestimmten* Gewinne, welcher übrig bleibt nach Auszahlung alles Vorausbedungenen aus dem Erlöse. Dieser Ueberschuss hängt von der Grösse des Erlöses, und diese von der Wahl, Einrichtung und Führung des Geschäfts, also von der Verfügung ab. Insofern der Unternehmer nicht blos anordnet, sondern selber mitarbeitet und Dienste verrichtet, kann er für sich einen Lohn oder Gehalt berechnen, den er sonst einem Andern hätte zahlen und von dem Gewinne abziehen müssen. Wenn man aber, bei diesem Unterscheiden zwischen des Unternehmers Lohn für Mitarbeiten und seinem Gewinn aus guter Verfügung, jenen bei grossen Unternehmungen verschwindend klein findet, und ›den Kapitalgewinn rein nehmen‹

will, so hüte man sich vor dem irrigen Glauben, dass der
Gewinn nicht durch die persönliche Leistung des Unternehmers,
sondern etwa durch das Kapital zu Wege gebracht werde; denn
das Kapital ist nur ein Mittel zum Geschäftsbetriebe; ob aber
das betriebene Geschäft Gewinn oder Verlust bringe, hängt
von der Wahl, Einrichtung und Leitung, von des Unternehmers
Verfügung ab, wie man daraus ersieht, dass, bei gleichem Kapitale, der Eine reich, der Andere bankerott wird. Nicht das
Kapital, sondern lediglich und allein das einsichtige Verwenden
von Kapital bringt Gewinn. Und lediglich aus dem Verkennen
dieser offenkundigen Thatsache ist der Sozialismus hervorgegangen. Der beliebte Hinweis auf das Eisenbahngeschäft ist
nicht maassgebend. Denn dies gehört zu den wenigen Geschäften, bei denen für den Gewinn die von den Unternehmern
getroffene Wahl des Ortes und die erste Anlage und Einrichtung hauptsächlich entscheiden, während der spätere Betrieb
sich nach bestimmter Vorschrift führen lässt, zu deren Verbesserung nur gelegentlich Einsicht geübt werden muss. Die
Leistung, wodurch sich die Unternehmer oder Aktionäre einer
Eisenbahn Gewinn verschaffen, liegt bekanntlich in dem ein-
sichtsvollen Auswählen der Linie, im zweckmässigen Bauen
und Ausstatten, in dem richtigen Bemessen der Tarife und in
dem scharfsichtigen Ueberwachen. Und ihr Gewinn ist grösser
oder kleiner, jenachdem sie mehr oder weniger Einsicht in
diesen Punkten geübt haben. Das eingerichtete Bahngeschäft
hat stets Einerlei zu leisten, nämlich Güter- und Personen-
beförderung, und es bedarf stets derselben Materiale und Dienste.
Der tägliche Betrieb erfordert also seitens des angestellten
Personals nur die Pünktlichkeit, Pflichttreue und Thätigkeit,
die man von Besoldeten beanspruchen darf. Auch liegt das
in eine Eisenbahn gesteckte Kapital meistentheils fest; nur ein
kleiner Theil wird bei dem Betriebe jedesmal auf das Spiel
gesetzt. Ganz anders verhält es sich mit den meisten sonstigen
Geschäftsunternehmungen. Bei diesen ist gewöhnlich der Betrieb das weitaus entscheidendste, und ein grosser Theil des
Kapitals steht dabei immer auf dem Spiele. Die Aufgabe wech-

selt oft und schnell, je nach Mode und Marktbedarf; der Absatz muss gesucht und erobert werden; die Anschaffung der Materiale erfordert Spekulation, gewagte Vorausberechnung; kurz, der Erlös hängt vorwiegend von der bei dem täglichen Verfügen geübten Einsicht ab, wozu auch vollste Freiheit des Verfügens erforderlich ist. Soll ein solches Geschäft durch verantwortliche Besoldete geführt werden, so vernichtet die Verantwortlichkeit die unerlässliche Freiheit der Verfügung, während die feste Besoldung jenes Interesse am Ueberschusse schwächt, welches allein die erforderliche Einsicht zu erwecken vermag; und die Tantième hilft diesem Uebel nicht ab, weil die Vortheile, die sich ein Direktor auf Kosten des Geschäfts machen kann, oft grösser sind, als die, welche ihm treue Führung in Aussicht stellt. Der vor wenigen Jahren so schwer verbüsste Schwindel mit den Kredit-Gesellschaften, *Credit mobilier* und dergleichen, entstand nur dadurch, dass auch die Kapitalsbesitzer von dem Wahne befallen wurden, das Kapital allein könne ihnen Unternehmergewinn bringen, ohne dass sie selber sich, durch persönliche Leistung, als Unternehmer bewährten. Geschäftsgewinn ist durchaus nur eine Frucht der, in der Verfügung sich bewährenden Einsicht des Unternehmers und Leiters; seine Quelle ist rein persönlicher Natur.

Die erste Frage, die hier zu erörtern ist, ist diese: wie entsteht überhaupt der Tauschwerth? Die herrschende Richtung hat ein Interesse daran, diese Frage zu verwirren mit einer anderen Frage, nämlich mit der Frage: auf welchen Vorwand oder auf welchen angeblichen Grund hin ziehen bestimmte Leute einen bestimmten Theil des Tauschwerths an sich? Diese letztere Frage muss auch erörtert werden; zuerst aber muss hiervon die Frage rein abgesondert werden: wie entsteht überhaupt der *Tauschwerth?*

Das Wort »Werth« bezeichnet immer nur ein Verhältniss. Und da wir den Tausch durch Geld vermitteln, heisst »Tauschwerth« in unserem Verkehr »Preisverhältniss.« Gefragt wird also, wodurch werden die Preisverhältnisse bestimmt? Woher kommt es z. B., dass jetzt in Berlin der Preis der Tagesarbeit eines Handlangers so viel beträgt, wie etwa der Preis von 3 Pfund Zucker, ⁹/₄ Pfd. Kaffee, 1¹/₂ Pfd. Butter, 2¹/₄ Pfd. Rindfleisch, 10 Seidel Bier u. s. w.? Nur bei dieser Bedeutung des Wortes ist die Frage zutreffend.

Nun, meine Herren, betrachten wir uns irgend eine beliebige Unternehmung der grossen Produktion, beispielsweise eine grosse Fabrik. Ist es nun hier zunächst das Kapital, welches den Tauschwerth schafft? Antwort: Nein!

Das in die Fabrikanlagen und Einrichtungen, Maschinen, Werkzeuge, Vorräthe, gesteckte Kapital, welches die Herstellung im Grossen bei durchgeführter Arbeitstheilung ermöglicht, bewirkt, dass eine gegebene Anzahl mitwirkender Arbeiter viel mehr schafft, als ohne Kapital möglich wäre. Das Kapital steigert um das Vielfache die Leistung der Arbeitskraft, vermehrt die Produkte und wirkt mithin wesentlich auf die Preisverhältnisse ein, welche sich bestimmen nach den Mengenverhältnissen, in denen die verschiedenen Produkte zu Markte kommen.

Es wird das klar, wenn man ein Beispiel nimmt. Wenn aus Leder — Leder ist Kapital — Schuhe oder Stiefel gemacht werden, so geht zwar der Werth, der in dem Leder bereits steckt, auch auf das neue Fabrikat, die Schuhe oder Stiefel, über; aber ein neuer Werth wird an sich dadurch nicht geschaffen, dass das Leder in die Schuhe oder Stiefel übergegangen ist.

Trotz der Einfachheit des Beispiels bleibt es völlig unklar, was gemeint sein kann mit einem »Werth«, der im Leder »steckt« und auf Stiefel »übergeht.« Denn, wie gesagt, bedeutet »Werth« schlechterdings nur das quantitative Verhältniss zwischen denjenigen Mengen verschiedener Dinge, welche als Ersatz für einander gelten. Wie also kann ein Verhältniss zwischen verschiedenen Dingen in einem Dinge »stecken«, im Leder? Und was bedeutet die Behauptung, dass, wenn aus Leder Stiefel gemacht werden, »ein *neuer* Werth« dadurch nicht geschaffen wird? Will man damit hervorheben, dass es richtiger wäre, zu sagen, man schafft damit ein Ding von *höherem* Werth? Jedenfalls verarbeitet man Leder zu Stiefeln nur dann, wenn man vorausrechnet, dass die Stiefel einen höheren Preis haben werden, als das dazu verwendete Leder hatte.

Ebenso ist es mit den Werkzeugen, mit der Maschine. Die Maschine muss den Werth, den sie bereits hat, an die neuen Fabrikate abgeben. Der Werth der Maschine muss sich ersetzen in den neuen Fabrikaten; aber die Maschine selbst bringt keinen Tauschwerth hervor. Wenn es heute gelingt, eine Maschine, die noch einmal so viel leistet, wie eine andere, zu demselben Preise herzustellen, so dass diese neue Maschine noch einmal so viel Waare produziren hilft, wie früher die alte Maschine, so werden die Waaren entsprechend wohlfeiler. Es weiss Jedermann, dass es in Folge der freien Konkurrenz nothwendig ist, nunmehr die Waaren entsprechend wohlfeiler zu verkaufen. Weder das stehende Kapital noch das umlaufende Kapital erzeugt neuen Tauschwerth; es überträgt nur in der Produktion den in ihm bereits vorhandenen Tauschwerth.

Wenn eine verbesserte Maschinerie die hergestellte Menge einer Waare vermehrt, so muss man, um entsprechend vermehrten Absatz zu erzielen, billiger verkaufen. Aber man braucht nicht den Preis in demselben Verhältniss herabzusetzen, in welchem die Waarenmenge vermehrt worden ist. Um einen verdoppelten Absatz zu bewirken, genügt meist eine Verwohlfeilung um etwa ein Viertel, so dass der Erlös aus der grösseren Menge immerhin ein grösserer ist, trotz des geringeren Preises des einzelnen Stückes der Waare. Wenn also die Verwohlfeilung der Waaren durch Maschinerie zum Beweise dienen soll, dass »weder das stehende noch das umlaufende Kapital neuen Tauschwerth erzeugt«, so kann hier »neuer Tauschwerth« nur für »höheren Preis« des einzelnen Waarenstücks stehen. Uebersehen darf man aber dabei nicht, dass, wie gezeigt, ein grösserer Erlös, eine höhere Preissumme erzielt wird für das mit Hülfe des Kapitals vergrösserte Gesammtprodukt. Die verbesserte Maschinerie macht die Waare wohlfeiler für alle Verbraucher, vermehrt aber auch den Geschäftsgewinn, sonst würden die Unternehmer ihre Maschinerie nicht verbessern.

Nun, meine Herren, wie entsteht aber der neue Tauschwerth? Es ist doch ein solcher da! Denn wenn der Grossfabrikant z. B. am Ende des Jahres seine Fabrikate verkauft — wir setzen jetzt bis auf Weiteres voraus, dass das Geschäft gut geht; vom Risiko später! — ersetzt sich ihm nicht nur 1. das ganze umlaufende Kapital; 2. die gesammte Abnutzung des stehenden Kapitals; es ersetzt sich 3. auch die gesammte Arbeitslöhnung, die er bezahlt und wofür er Arbeitskraft gekauft hat, und es ist schliesslich *ein Ueberschuss* da, der dann in die Zinsen und in den Unternehmergewinn zerfällt.

Hier freilich wird die Sache klarer; denn hier erfahren wir, dass der uns so unklare Ausdruck »neuer Tauschwerth« nichts anderes bedeuten soll, als »Ueberschuss« bei dem jährlichen Geschäftsabschluss. Jetzt endlich kommen wir zu etwas praktisch Bekanntem. Aber nunmehr lauten die vorhin aufgestellten Sätze wie folgt: Ein Geschäftsüberschuss wird nicht dadurch geschaffen, dass Leder zu Stiefeln verarbeitet wird; eine Verbesserung der Maschine vermehrt nicht den Geschäftsgewinn; weder das stehende noch das umlaufende Kapital erzeugt den Geschäftsüberschuss! Zu solchen Schlüssen kann man nur dadurch gelangen, dass man alltägliche Vorgänge in den Jargon der ökonomischen Wissenschaft vermummt, anstatt sie mit der Sprache des alltäglichen Lebens zu bezeichnen.

Wo kommt dieser Ueberschuss her?

Er kommt doch, wie alle Welt weiss, vom Erlöse her, den man einerseits durch fleissiges und sorgsames Herstellen möglichst vieler und guter Produkte zu steigern bemüht ist, während man andererseits durch gute Einrichtungen die Kosten einzuschränken beflissen ist. Kurz, der Ueberschuss ist der Unterschied zwischen dem Erlöse und den Auslagen. Und nur mit Hinblick auf solchen Ueberschuss wird ein Geschäft unternommen. Ein Kaufmann z. B. versteht die Prüfung der Güte gewisser Waaren, und kennt zwei Gegenden, zwischen welchen der Preisunterschied solcher Waaren grösser ist, als die Transportkosten. Wenn er in der einen Gegend billig einkauft, billig und ohne Beschädigung transportirt und speichert, in der andern Gegend eine gute Gelegenheit, höher zu verkaufen, abpasst und sich vor gewagtem Kreditiren hütet, so macht er, durch Einsicht und Umsicht, einen Ueberschuss oder Geschäftsgewinn. Ein Anderer versteht sich auf einen gewissen Fabrikationszweig und besitzt gewisse eigene und kreditirte Mittel. Er veranschlagt den Umfang der Anlagen, die er mit seinen Mitteln machen, und die Menge Waare, die er bei solcher

2

Anlage herstellen kann. Aus der Waarenmenge und den durchschnittlichen Marktpreisen berechnet er den Erlös. Alsdann veranschlagt er die Auslagen für Material, Arbeitslohn, Zinsen und sonstige Kosten; und findet er, dass ein ihm genügender Ueberschuss in Aussicht steht, so unternimmt er das Geschäft, sonst aber nicht. Hierbei ist die Höhe des zu zahlenden Lohnes, als eines Hauptpostens bei den Auslagen, gewöhnlich entscheidend für die Frage, ob es lohne, auf ein Geschäft einzugehen, oder nicht.

Meine Herren! sogar für die herrschende Schule, wenigstens in England unbedingt — und die Engländer müssen es wohl am besten verstehen, da sie die ausgebildetsten Verhältnisse vor sich haben — steht es fest, dass dieser neue Tauschwerth lediglich durch Arbeit entstanden ist. Man sollte zwar glauben, das sei nicht möglich, indem ja die Arbeit anscheinend im Arbeitslohn bezahlt ist. Aber gerade hier liegt die Täuschung.

Den ›neuen Tauschwerth‹ hat man für gleichbedeutend mit »Ueberschuss bei der Geschäftsabrechnung« erklärt. Sagt man also jetzt, dieser Ueberschuss sei lediglich durch »Arbeit« entstanden, so fragen wir: durch welche Arbeit, wessen Arbeit? Und aus dem vorhin Gesagten leuchtet ein, dass dieser Ueberschuss durch die geistige Arbeit des veranschlagenden, einrichtenden und technisch und kaufmännisch leitenden Unternehmers bewirkt wird. Dass dagegen der Ueberschuss nicht lediglich durch die im Arbeitslohn bezahlte »Arbeit«, d. h. nicht lediglich durch die arbeitenden Lohnempfänger entstanden sein könne, erhellt daraus, dass von zwei gleichen Geschäften, bei denen die Lohnempfänger gleich gut arbeiten, oft das eine einen Ueberschuss, das andere Bankerott macht.

Und wollten wir auch annehmen, ›neuer Tauschwerth‹ bedeute hier nicht den »Ueberschuss«, sondern die zum Marktpreise verkauften Produkte, so müssten wir auch der Behauptung widersprechen, dass diese Produkte lediglich durch die im Arbeitslohn bezahlte Arbeit der Lohnempfänger hergestellt werden. Nicht ›lediglich‹ die Menschenkraft, sondern auch die Kraft des Dampfes, des Wassers, des Windes und der Zugthiere arbeitet an deren Herstellung; und in der englischen Industrie ist die verwendete Dampfkraft um das Hundertfache stärker, als die der mitwirkenden Menschen.

Nach dem heutigen Werthgesetze hat eine Waare so viel Tauschwerth als in ihrer Arbeit verkörpert ist. Wenn wir sehen, dass die eine Waare 100 Thaler werth ist und die andere 100 Thaler, so ist in der einen Waare wie in der andern und ebenso in den 100 Thalern gleich viel Arbeit verkörpert.

Wir wollen es versuchen, dieses angebliche »heutige Werthgesetz« in eine verständliche Sprache zu übersetzen. Der in einer Arbeit verkörperte Tauschwerth bedeutet wohl den Preis einer Arbeit. Die in einer Waare »verkörperte« Arbeit soll wohl die auf Herstellung einer Waare »verwendete« Arbeit heissen. Aber wie soll man die auf eine Waare verwendete Arbeit messen? Nach der Zeitdauer der Arbeit wohl nicht; denn demnach würde, laut jenes »heutigen Werthgesetzes«, das Produkt gleicher Arbeitszeit, sei es eines Künstlers, sei es eines Handlangers, gleichen Preis haben. Wir müssen also mit den Verschiedenheiten der sogenannten *qualifizirten* Arbeit rechnen. Für diese giebt es aber keinen andern Maasstab, als eben die Höhe des Lohnes. Also müssen wir, anstatt der verwendeten Arbeit, den aufgewendeten Lohnbetrag setzen. Und dann hiesse das angebliche Werthgesetz: Die Preise der Waaren verhalten sich wie die auf die Herstellung aufgewendeten Lohnbeträge. Ein solches Gesetz gilt nirgends. Zwei Wispel Getreide, der eine vom Marschboden, der andere von schwerem magerem Boden geerntet, haben sehr verschiedene Auslagen für Arbeitslohn gekostet und haben doch in demselben Markte gleichen Preis. Und zwei Oxhoft Wein, welche mit gleichem Aufwand für Arbeitslohn gewonnen wurden, bringen gar verschiedene Preise. Ein fetter Ochse bringt in Berlin ebensoviel als sechs Tausend Mauersteine ein; aber zu seiner Herstellung kostet er um vieles weniger an Lohnausgabe, als diese. Ein Zentner Gussstahl von Krupp kostet so viel, als vielleicht fünfhundert Zentner westphälische Steinkohle an der Grube. Dass aber jener mit viel geringerer Lohnausgabe hergestellt wird, erhellt daraus, dass die berühmte Essener Fabrik einem um so viel

2 *

grösseren Ueberschuss im Verhältniss zur Einnahme bringt, als irgend eine Kohlengrube. In welchem Sinne kann man also sagen, dass in Waaren von gleichem Werth gleichviel Arbeit verkörpert ist? Soll etwa hier »Werth« nicht etwa Marktpreis, sondern Lohnaufwand bedeuten, dann mag es gelten, dass in Waaren, bei deren Herstellung gleich viel für Arbeitslohn aufgewendet wurde, gleich viel Arbeit verkörpert ist. Dann erfahren wir blos, dass »verkörperte Arbeit« so viel bedeutet als »aufgewendeter Arbeitslohn«, und schliesslich handelt es sich nicht um ein Gesetz, sondern bloss um eine Worterklärung.

In vielen »Werken der ökonomischen Wissenschaft« wird zwar behauptet, dass die Preise durch die Kosten bestimmt werden. Dagegen weiss alle Welt, dass im Wirthschaftsleben Jeder nach dem voraussichtlichen Marktpreis einer Waare berechnet, wie viel Auslagen er auf Herstellung derselben verwenden darf, um sie mit so viel Gewinn verkaufen zu können, als er sonst zu erzielen wüsste. Demnach kann man eher behaupten, dass die Kosten einer Waare sich nach deren Marktpreis richten. Dass der Gewinn, oder Ueberschuss des Erlöses über die Auslagen, abhängig ist von den Marktpreisen, wird wohl zugegeben. Und »Kosten«, oder genauer, Auslagen bestehen meist zum grossen Theile aus vorgeschossenen Gewinnen. Nur von ungefähr kann man aus dem Marktpreise auf die Herstellungsauslagen schliessen, insofern jener bestimmt, wie gut oder wie schlecht die bei der Herstellung Mitwirkenden bezahlt werden können. Durchgängig sind die Auslagen niedriger als die Absatzpreise; und die Vergrösserung und Benutzung dieses Unterschieds, der bei den verschiedenen Waaren sehr verschieden ist, bildet eben die Aufgabe des Geschäftsmannes. Die Konkurrenz bewirkt eine Preisbewegung, welche auf die Gleichstellung der Gewinne, nicht auf deren allgemeine Erniedrigung oder gar Beseitigung gerichtet ist. Den Gewinn eines Konkurrenten drückt Einer nur, um den eigenen zu erhöhen.

Auf die Bestimmung des Preises wirken die nöthigen Herstellungsauslagen nur dann ein, wenn es sich darum handelt, dem Sinken des Preises einer Waare die unterste Grenze zu setzen. Denn es giebt für die Herstellung einer Waare einen geringsten Aufwand, ohne dessen Wiedererstattung die Herstellung unterbleibt, bis der Mangel im Markte einen besseren Preis erzwingt. Aber um diesen niedrigsten Preis, bei dem aller Gewinn verschwunden ist und die Herstellung aufgegeben wird, handelt es sich nur ausnahmsweise. Die grosse Regel ist, dass Marktpreis und Kosten, oder genauer Erlös und Auslage ungleich sind, und durch ihren Unterschied einen Gewinn lassen. Jene durch das unerlässliche Minimum der Auslagen gezogene unterste Preisgrenze ist bei vorgeschrittener Wirthschaft eben so wenig für die Preishöhe bestimmend, als in der zivilisirten Gesellschaft etwa die bei schwersten Verbrechen angedrohte Todesstrafe bestimmend ist für alles sittliche Verhalten.

Die Arbeitskraft selbst folgt diesem allgemeinen Werthgesetz. Der Werth wird bestimmt durch diejenige Arbeit, die nöthig ist, die Arbeitskraft selbst zu produziren. Wenn der Arbeiter, um bestehen und arbeiten zu können, täglich Waaren im Werthe von 15 Sgr. braucht — Lebensmittel — so ist der Tageswerth seiner Arbeitskraft 15 Sgr. Das ist der „natürliche Werth," nach dem sie sich verkauft auf dem Arbeitsmarkt.

Hier heisst also »Werth« einfach *Lohnsatz*, zu dem sich die Arbeitskraft auf dem Arbeitsmarkt verkauft. Und der Lohnsatz soll sich bestimmen nach den Anschaffungskosten der Waaren, Lebensmittel u. s. w., die der Arbeiter braucht, um bestehen und arbeiten zu können. Aber der eine Lohnempfänger braucht viel mehr, als der andere; der Handlanger für 15 Sgr. täglich, der Steinsetzer für 40 Sgr., und Damenschneidergesellen soll es jetzt in Berlin geben, welche für 18 Thlr. die Woche brauchen! Wodurch wird also bestimmt, wie viel jeder Lohnempfänger braucht? Es fehlt in diesem »allgemeinen Werthgesetze« durchaus die feste bestimmende Grösse. In der Wirklichkeit steht wenigstens fest, dass der Lohnempfänger so viel verbraucht, als er empfängt. Er richtet seinen Verbrauch nach seinem Lohn, weil jenes »allgemeine Werthgesetz« nicht besteht, kraft dessen sich sein Lohn nach seinem Bedarf, der Preis nach den Kosten, richten soll.

Jener »natürliche Werth« oder niedrigster Lohnsatz, dessen

Grenze dadurch gezogen wird, dass bei jedem weiteren Sinken
die Lohnempfänger aus Nahrungsmangel so lange wegsterben,
bis ein Mangel an Arbeitern höhern Lohn erzwingt, ist in industriellen Ländern nicht der Marktpreis der Arbeitskraft. Jedenfalls könnte man nur von den Empfängern des allerniedrigsten
Lohnsatzes behaupten, dass sie zwischen Leben und Sterben
schweben auf der von der Natur gezogenen Grenze für den
knappsten Nahrungsverbrauch. Aber selbst diese mehren sich,
und haben früher auch schlechter gelebt als jetzt.

Der Lohnsatz folgt nicht »diesem«, dem sozialdemokratischen
»Werthgesetze«; sondern er ist derjenige Antheil an den durch
Zusammenwirken von Kapital und Arbeit erzielten Produkten,
den die Unternehmer gewähren müssen, um jene Menge und
Güte der Arbeitsleistung zu erlangen, die sie zur erfolgreichen
Beschäftigung ihres Kapitals nöthig haben. Es kommt dabei
also einerseits darauf an, wie viel Kapital die Unternehmer
haben, also wie viel Arbeiter sie brauchen und von welcher
Qualität; andererseits darauf, welches Maass von Befriedigung
den festgewöhnten Bedürfnissen der Mittellosen hinlänglich genügt, um diejenige Vermehrung und Ausbildung der Bevölkerung zu bewirken, welche für das zu verwendende Kapital erforderlich ist. Bestimmend für den Lohnsatz sind demnach die
Kapitalansammlung und die Volksgewöhnung, also, mit einem
Worte, der Kulturfortschritt.

Aber sie schliesst nicht aus, dass, wenn die Arbeitskraft dann in Gang
gesetzt wird, sie in einem Tage einen Werth von — ich will sagen 1 Thaler —
produzirt. Die Arbeitskraft selbst, ihrem Tauschwerthe nach, wird bestimmt
durch die nothwendigen Lebensmittel für den Arbeiter; aber der Werth,
den die Arbeitskraft schafft, ist grösser als derjenige Werth, der für An-
kauf der Arbeitskraft im Lohn gegeben wird.

Blos beiläufig, als Nebenbemerkung, heisst es hier, »wenn
die Arbeitskraft dann in Gang gesetzt wird.« Doch ist dies
gerade die Hauptsache. Denn Arbeitskraft bei vorgeschrittener
Industrie in Gang setzen, heisst, die Leistung der menschlichen
Arbeitskraft um das Vielfache steigern durch Hinstellung von
Anlagen, Einrichtungen, Maschinen und Vorräthen, welche sehr

grosse erübrigte Kapitale erfordern. Und, durch solche gesteigerte Leistung der mitwirkenden Arbeitskraft, vermehrte Produkte zu erzielen, aus denen mehr als der Lohnbetrag gelöst
werden kann, ist der Zweck, um welchen Kapital erübrigt und
›Arbeitskraft in Gang gesetzt wird.‹

Wenn wir annehmen, es sei für einen einfachen Durchschnittsarbeiter
in sechs Stunden möglich, einen Werth von 15 Sgr. zu produziren, so hat
der Arbeiter in diesen ersten sechs Stunden einen Werth hervorgebracht,
gleich dem Werthe des Lohnes, den sein Meister oder Fabrikherr ihm giebt.
Er muss aber länger arbeiten als sechs Stunden. Der Werth von weiteren
15 Sgr., den er in den zweiten sechs Stunden produzirt — dies, meine
Herren, ist ein Werth, den er nicht für sich schafft, dies ist ein Werth,
den er für den Kapitalisten schafft.

Es mag Einer ein sehr einfacher Durchschnitts-Mensch sein,
dennoch, sobald er in einer ausgebildeten Industrie mit vervollkommneten Einrichtungen und Hilfsmaschinen mitwirkt, ist
er kein *einfacher Arbeiter*, sondern eins der vielen ineinandergreifenden Glieder eines kunstvoll zusammengesetzten Ganzen.
Und nicht das Einzelglied, sondern nur das Ganze schafft. Völlig
unzutreffend ist es also, wenn man den Sachverhalt so darstellen
will, als schaffte der Arbeiter in einer Fabrikeinrichtung einfach
durch seine eigene Kraft, und gar in sechs Stunden für seinen
eigenen Verbrauch, in der übrigen Zeit für den Unternehmer.
Der Lohnempfänger schafft in der Fabrik nichts ohne des Unternehmers Hilfseinrichtungen; und ohne dieselben konute er auch
in zwölf Stunden bei höchster Anstrengung seiner Kraft als
›einfacher‹ Arbeiter nicht so viel erwerben, als ihm der Unternehmer im Lohne giebt. — Uebrigens scheint diese Unterstellung
des in sechs Stunden hervorgebrachten, dem Lohne gleichen
›Werths‹, nur ein Versuch zu sein, die durch Kapitalshilfe
bewirkte Steigerung der Leistung zu verstecken hinter einer
angeblichen Kürzung der Dauer; man redet von halber Arbeitszeit, wo der Nachdruck zu legen wäre auf verdoppelte Produktionsfähigkeit.

Es hat sich also im Gegensatz zur Sklaverei oder zur Leibeigenschaft
eigentlich nur die Form geändert, wie unvergütete unbezahlte Arbeit aus
dem Menschen herausgepresst wird, nicht aber hat sich diese Herauspressung

selbst geändert. Auch der Sklave bei seinem Sklavenherrn arbeitet eine bestimmte Zeit des Tages für sich, so lange nämlich als er nothwendig hat, um einen Werth hervorzubringen, gleich dem Werthe der Lebensmittel, die der Sklavenherr ihm geben muss; so lange, meine Herren, arbeitet der Sklave für sich; erst, wenn der Ueberschuss kommt, dann arbeitet er für den Sklavenherrn. Ganz dasselbe Verhältniss ist heute da.

Der wesentliche Unterschied zwischen dem Sklaven, Leibeigenen, Hörigen einerseits und dem gesetzlich Freien andererseits ist der, dass dieser, wenn er nicht die Mittel zum Unternehmen eines eigenen Geschäfts hat, Denjenigen frei suchen kann, der ihm das Meiste für seine Arbeitskraft geben will. Der Unfreie, der bei einem bestimmten Herrn arbeiten muss, wird um denjenigen Mehrbetrag beraubt, den er von einem anderen erhalten könnte, wenn er zu diesem sich hinbegeben dürfte. Was alles auch der gesetzlich Freie gemeinsam mit dem Unfreien zu erdulden haben mag, als Mittelloser, und durch den Zwang seiner Bedürfnisse an das Arbeiten Gebundener, trifft nicht die vorliegende Frage. Wo der Lohnempfänger nicht durch Willkühr seiner Nebenmenschen verhindert wird, den höchsten sich ihm darbietenden Entgelt für seine Arbeit aufzusuchen, ist es völlig unzulässig zu behaupten, dass heute bei unsern Lohnempfängern ganz dasselbe Verhältniss da sei, wie bei den Sklaven.

So lange der Arbeiter arbeitet, um einen Werth hervorzubringen, gleich dem Lohne, den er bekommt, so lange arbeitet er für sich; in der ganzen übrigen Zeit arbeitet er, um den Kapitalgewinn, um also diejenige Quote hervorzubringen, die unter verschiedenen Vorwänden auf die besitzenden Klassen fällt.

Was die Besitzenden erhalten, ist nicht eine Quote, die ›unter verschiedenen Vorwänden‹ auf sie ›fällt‹, sondern ein Produkt, welches sie, durch grosse Steigerung der Leistungsfähigkeit menschlicher Arbeitskraft vermittelst erübrigter Hilfseinrichtungen, *schaffen*. Nicht ›unter *Vorwänden*‹, sondern durch höchst wirksame *Vorkehrungen*, erlangen die Besitzenden ihren Antheil an der ihnen zu verdankenden Produktenfülle.

Wenn nun, meine Herren, feststeht, dass dies die Entstehung des Tauschwerthes ist, so fragt es sich weiter: auf welche Gründe hin beansprucht denn die besitzende Klasse diesen Tauschwerth, den der Arbeiter, der Besitzlose hervorbringt? Da hört man zunächst sagen: es ist nöthig so, wegen des Risiko's; denn Derjenige, der in einem Geschäfte Kapital engagirt, der kann ja auch sein Kapital einbüssen. Meine Herren, das ist richtig, aber die Frage steht eben nicht zwischen einzelnen Arbeitern und einzelnen Kapitalisten oder Unternehmern, sondern die Frage steht zwischen der Gesammtklasse der Kapitalisten und Unternehmer einerseits und der Gesammtklasse der Arbeiter andererseits. Das Risiko, welches der Einzelne hat, fällt weg, wenn Sie die Kapitalistenklasse im Grossen betrachten. Der sogenannte Nationalreichthum in allen zivilisirten Ländern ist in fortwährendem Steigen begriffen. Wenn Sie z. B. nach England sehen, so hat Gladstone als Schatzkanzler wiederholt konstatirt, dass der Nationalreichthum beständig zunehme, dass diese Zunahme aber lediglich den besitzenden Klassen zu Gute komme, während dagegen die Arbeiterklasse immer beständig in dem Zustande bleibt, dass sie nur das Nothwendige zum Leben hat. Der Nationalreichthum steigt, es ist also im Grossen und Ganzen kein Risiko vorhanden; das Risiko trifft nur den Einzelnen. Die besitzlose Arbeiterklasse aber kann sich wenig darum bekümmern, ob dieser oder jener Unternehmer einen Theil des Nationalreichthums an sich reisst und ob dieser oder jener zu Grunde geht. Die Frage ist nur die, dass die Gesammtmasse des neuen Werthes von der Arbeitermasse produzirt wird und irgendwie unter die Unternehmer- und Arbeiterklasse sich vertheilt, gleichviel, was der Eine oder der Andere davon abbekommt. Die Frage steht im Grossen, sie steht gewissermaassen zwischen dem Gesammtkapitalisten und dem Gesammtarbeiter. Es würde zu weit führen, hier auseinanderzusetzen, dass das Risiko selbst nur ein Ausfluss der Planlosigkeit der heutigen Produktion ist. Ich lasse diesen Gegenstand unerörtert, bis derselbe von anderer Seite angeregt werden sollte.

Nicht wegen des Risikos ist ein Geschäftsgewinn erforderlich, sondern er ist nöthig, um Befähigte anzuregen, Kapitale zu erübrigen und Arbeitskraft »in Gang zu setzen«, und für die schwierige Erhaltung des Erübrigten, inmitten der Versuchungen und Fährnisse des Lebens, zu sorgen. Das Risiko, d. h. der Durchschnitt der unvermeidlichen Verluste, gehört zu den Geschäftskosten, nach deren voller Deckung erst von Gewinn die Rede sein kann. Ein Betrag, der nur auf dem Konto des Risikos stände, wäre nicht Gewinn, sondern nur Reserve.

Bezeichnend ist es übrigens für die sozialdemokratische Logik, dass sie aus dem Steigen des Reichthums den Schluss zieht, dass das Risiko wegfällt. Ebenso könnte sie aus dem Umstande, dass mehr Häuser gebaut als abgebrannt werden, schliessen, dass die Feuersgefahr wegfällt.

Ein weiterer Grund, den man angiebt, um den Zins insbesondere zu rechtfertigen, ist der, dass man sagt, der Kapitalist hat darin eine Art Entsagung, Enthaltung geübt, dass er überhaupt im Besitz von Kapital ist; er hätte dasselbe ganz eben so gut verausgaben, verprassen können. Man überlege sich doch genau, worin eigentlich die Verlegenheit eines solchen Mannes besteht. Wenn irgend ein grosser Fabrikant jährlich z. B. 20,000 Thaler Reingewinn hat und die angebliche Enthaltsamkeit besitzt, davon 10,000 Thaler zurückzulegen, um sie in sein Geschäft zu stecken oder Zinsen daraus zu machen, was war dann die Verlegenheit? Die Verlegenheit war die, ob er die 10,000 Thaler verausgaben und verprassen, oder ob er durch die Anlegung der 10,000 Thaler reicher werden wollte. Es war genau dieselbe Verlegenheit, die auch der Sklavenhalter in Nordamerika hatte: die Verlegenheit, ob er das, was er den Sklaven ausgepresst hatte, verprassen, oder ob er noch reicher werden wolle, indem er neue Sklaven ankauft und auch diese für sich arbeiten liess, — eine Verlegenheit, von welcher die Sklavenhalter dort befreit worden sind.

Wer Mittel, über die er zu verfügen hat, nicht zum sofortigen Genuss verbraucht, sondern zur Beschaffung von Produktionsmitteln verwendet, der enthält sich eines augenblicklichen Genusses um sich künftig und dauernd Genussmittel zu sichern; er vertagt seinen Genuss, um denselben zu vergrössern, handelt aus einem berechnenden Trachten nach grösstem nachhaltigem Genuss, für welches die Ausdrücke »Enthaltsamkeit«, »Entsagung« nicht passen mögen. Das Kapitalisiren verwandelt ein Genussmittel in eine Genussquelle, und mag aus Genusssucht veranlasst sein. Auf die ethische Bezeichnung aber kommt es gar nicht, sondern nur auf die Thatsache an, dass, insofern Kapital erübrigt und erhalten werden soll, ein Verbrauch zum Genuss vertagt werden muss zu Gunsten einer Verwendung behufs Steigerung der Produktion, und dass für solches Vertagen ein Antrieb da sein muss, den jetzt der Gewinn aus der Kapitalsverwendung giebt; und es ist nicht ersichtlich, wenn dieser Gewinn fortfiele, was denn zum Erübrigen oder Erhalten von Kapital zur Beschäftigung Anderer antreiben könnte. Höchstens würde Einer Mittel zur Steigerung der eigenen Arbeitsleistung ansammeln, wenn ihm übrigens gestattet wäre, wenigstens die eigene Produktion auf eigene Rechnung zu betreiben; müsste er dagegen für den Kommunistentopf arbeiten, so fiele sogar der Antrieb zur Steigerung selbst der eigenen Leistung fort. Wenn Einer, der 10,000 Thaler erübrigt hat, überlegt, ob er sie sogleich, aber ein für allemal, zu seinem Genusse verbrauchen, oder zum Geschäfte verwenden und durch den erhöhten Gewinn reicher werden solle, so versetzt ihn diese Wahl in keine »Verlegenheit.« Aber wenn der Geschäftsgewinn beseitigt wäre, hätte er nicht mehr die Wahl zwischen einem einmaligen Genuss und einer dauernden Genussquelle; er könnte das Erübrigte nur dadurch geniessen, dass er es allmählig verbrauchte, und hätte keinen Antrieb, durch dessen industrielle Verwendung die Produktion zu steigern, weil solche Steigerung nicht ihm direkt zum Nutzen käme.

Aber nehmen wir selbst an, alles Kapital sei durch Entsagung, durch Ersparniss vom Arbeitslohn entstanden, so würde das gar nichts beweisen; denn wenn Einer Vermögensstücke hat, so ist dies an und für sich nur ein Grund, dass man ihn nicht behindert, diese Vermögensstücke ruhig zu seinem Gebrauche, oder zum Gebrauche der Seinen, kurz beliebig zu benutzen; es ist also kein Grund, die gesellschaftlichen Einrichtungen so zu treffen, dass diese Vermögensstücke nunmehr die Grundlagen der Ausbeutung Anderer werden.

— »Kein Grund die gesellschaftlichen Einrichtungen so zu treffen,« — als ob die gesellschaftlichen Einrichtungen nach Wahl getroffen worden wären, und sich hätten anders treffen lassen. Es haben aber Einige ihre »Vermögensstücke› nicht »ruhig« für den eigenen Gebrauch aufzehren wollen, sondern sie richteten damit Arbeitsstätten ein, und suchten Mittellose, die darin für sie gegen Lohn zu arbeiten bereit wären; und es fanden sich Mittellose ein, welche gerne zu dem Lohne griffen, weil er, so gering er auch gewesen sein mag, immer mehr betrug, als was sie, bei ihrer Mittellosigkeit, sich durch Arbeiten auf eigene Hand zu erwerben wussten. Beiden Theilen brachte dies Vortheil, obwohl nicht gleich grossen. Wie hätte also die Ausbreitung einer »gesellschaftlichen Einrichtung« ver-

hindert werden sollen, zu der die sich Betheiligenden angetrieben
wurden durch das eigene Interesse, während auch die Nicht-
betheiligten Nutzen davon hatten in dem besser versorgten
Markt? Wo war da der Benachtheiligte, der sich dem Vor-
gange widersetzen und die Gesellschaft hätte zwingen sollen,
andere Einrichtungen zu treffen, als welche alle Welt für all-
seitig vortheilhaft ansah?

Bei dieser Lehre von der Entsagnng thut man so, als ob die heutigen
Kapitalisten dies dadurch geworden wären, dass sie oder ihre Vorfahren
früher Arbeiter waren, die sehr sparsam gewesen, die ihre Gelder zurück-
gelegt, während andere leichtsinnige Arbeiter ihre Gelder verprasst hätten.
So steht aber die Sache in Wirklichkeit nicht. Die Entstehung des Kapitals
in der Weltgeschichte beruht selbst auf Ausbeutung und Rechtswidrigkeit,
es ist eine Ausnahme, dass einmal Einer durch seine Arbeitsersparnisse
in die Höhe gekommen ist; in der Regel ist das Kapital im Grossen entstanden, durch die mittelalterliche Ausbeutung, und als die mittelalterliche
Ausbeutung das Kapital hingestellt hatte, da konnte man durch den unmittelbaren sozialen Zwang wirken, konnte dem Arbeiter sagen, Du bist
frei, weil man sehr gut wusste, dass bei entwickelter Produktion, wo Produktionsmittel nöthig sind, der Arbeiter nicht selbstständig produziren
konnte, sondern seine Arbeitskraft verkaufen musste.

Es ist wahr, dass auf den ersten Entwickelungstufen der
Kultur, ehe man die Mittel zur Arbeitstheilung und Steigerung
der Leistungsfähigkeit menschlicher Arbeit gesammelt und aus-
gebildet hatte, die Gewalt der Stärkeren und Muthigeren das
Mittel bot, die Produktion zu steigern durch Zwangsarbeit, und
Vorräthe anzusammeln durch Erpressung. Unserem Wirthschaftsleben ging eine Gewaltherrschaft, dem Lohnvertrag die
Sklaverei und Hörigkeit, dem Geschäftsgewinn die Erpressung
voran. Wirthschaften musste man erst durch tausendjährige
Entwickelung lernen; Knechten und Ausplündern lernte sich viel
früher. Als aber die Menschen, zur Befriedigung der vervielfäl-
tigten und verfeinerten Bedürfnisse ihrer Zwingherrn genöthigt, arbeiten gelernt hatten, und als Kapitale, sei es auch durch Erpressung,
angehäuft waren, da zeigte es sich, dass man mehr Befriedigung
mit seinem Besitze erzielen könne durch Geschäftsunternehmungen
mit Lohnempfängern, als mit Zwangsarbeitern, und dass es

besser lohne, das Naturreich auszubeuten als die Menschen, d. h. dass
es wirthschaftlicher sei, freie Arbeiter mit erübrigten Hilfsmitteln
zum ergiebigeren Schaffen auszustatten gegen einen Antheil am
Mehrertrag, als unfreien, fast ohne Hilfsmittel Arbeitenden
einen Theil ihres kargen Produkts abzupressen. Der in der
»Weltgeschichte«, d. h. in einer geschichtlich längst vergan-
genen Zeit der Zwangsherrschaft, etwa aus Erpressung entstan-
dene Theil unseres Kapitals ist verschwindend klein; und schon
lange beruht die Entstehung des Kapitals nicht auf Ausbeutung
und Rechtswidrigkeit.

Keine Ausnahme unter den Wohlhabenden und sogar Reichen
sind die Männer, die mittellos, oder wie man zu sagen pflegt,
»mit nichts« anfingen und in die Höhe gekommen sind. In
Berlin dürften sie wohl die Mehrzahl bilden. Aber freilich,
durch Ersparnisse aus dem Lohne bloss eigener Händearbeit wird
Einer, der stets abhängiger Lohnempfänger bleibt, nicht wohl-
habend. Um »in die Höhe zu kommen« muss er, sobald er
Einiges aus seinem Lohne erspart hat, dies zu Geschäften auf
eigene Rechnung benutzen, anfangs im Kleinen, und allmälig
immer grösser. Dazu indessen muss er eine geistige Befähi-
gung und Willenskraft besitzen, die sich allerdings nur ausnahmsweise bei den Lohnempfängern finden.

Von dem Zwang, zu arbeiten für die Befriedigung natür-
licher und angewöhnter Bedürfnisse, kann nur Derjenige befreit
sein, der Erübrigtes genug besitzt, um von der Vermiethung
desselben an Produktionsvermehrer zu leben. Wer nicht Hilfsmittel zur industriellen Steigerung seiner Leistungsfähigkeit, und
nicht Vorräthe hat, wovon er leben kann, bis der unsichere
Erlös aus Arbeiten auf eigene Rechnung einkommt, der ist zum
Verkaufen seiner Arbeitskraft insofern gezwungen, als ihm der
eigene Vortheil gebietet, sofortigen und bestimmten Entgelt für
sein industrielles Mitwirken, nämlich Lohnauszahlung sich aus-
zubedingen, und das Warten und Wagen den Vorrathsbesitzern
zu überlassen. Insofern ausreichende Unterhaltsmittel für eine
dichtere Bevölkerung nur mit Kapitalshilfe und Arbeitstheilung
zu beschaffen sind, kann, in einem wirthschaftlich vorgeschrit-

tenen Lande, Keiner ausserhalb des Wirthschaftsbetriebes sich
erhalten. Es besteht also für Jedermann eine wirthschaftliche
Nöthigung (mag auch heissen ›unmittelbarer sozialer Zwang‹),
sich der Kapitalshilfe und der Arbeitstheilung zu bedienen und
sich den darin liegenden allgemeinen Bedingungen des Lebens
im Volkshaushalt zu fügen. Es kommt nur darauf an, dass diese
Bedingungen nicht durch menschliche Gewalt willkührlich auferlegt werden, sondern nur solche sind, die in den Naturgesetzen
ihre Begründung haben. Dem ewigen Naturzwange gegenüber
bleiben Alle unfrei, wiewohl in verschiedenem Grade, jenachdem
sie sich mit den Mitteln zur Unterwerfung der Naturkräfte ver-
sorgt haben. Wo aber Jeder das verhältnissmässig Vortheil-
hafteste ergreifen kann, was sich ihm, nach Maassgabe seiner
Mittel und Fähigkeiten, irgend darbietet unter den allgemeinen
auf freiwilligem Vertrage beruhenden Bedingungen des Wirth-
schafsverkehrs, da mag wohl mancher Mittellose mit dem Ergebniss wenig zufrieden sein, wenn er es nach seinen Wünschen
und Bedürfnissen misst, aber wegen Benachtheiligung darf er
nicht Andere anklagen, so lange er nicht nachweist, dass diese
ihm den Weg versperren zu einer verbesserten Lage, zu deren
Erreichung er sonst die Kraft und die Mittel hätte. Es geschieht kein Unrecht, wo das ungleiche Maass der Befriedigung
lediglich hervorgeht aus dem ungleichen Maass, in welchem Verschiedene, bei gesetzlich gleicher Freiheit des Strebens, die Bedingungen einer verbesserten Wirthschaftslage erfüllt haben —
und wenn dies wohl in einer natürlichen Ungleichheit der körperlichen und geistigen Begabung gelegen habe, mit der Natur
lässt sich nicht rechten.

Man wusste sehr gut, dass der Hunger jetzt dasselbe bewirken würde,
was früher ausdrückliche Gesetze, Leibeigenschaftszwang u. s. w. gewirkt
hatten.

Früher bewirkten jene ›ausdrücklichen Gesetze‹, dass der
Mittellose viele Arbeiten ohne Entgelt verrichten, oder bei dem
Einen für weniger arbeiten musste, als was Andere ihm zu
geben bereit gewesen wären. Dies bewirkt der Hunger jetzt
nicht.

Der Missstand in der heutigen Gesellschaft ist nicht in erster Linie dieser, dass die Vermögen so ungleich vertheilt sind, das wäre an sich kein so grosses Unglück; der Missstand liegt darin, dass Derjenige, der Kapital hat, bloss auf diesen Grund hin die Arbeitskraft Anderer ausbeuten kann; sei es direkt, wenn er als Unternehmer eintritt, sei es indirekt durch den Zins, welcher von dem Unternehmer gezahlt wird und weiter nichts ist, als ein Theil des Tauschwerths, der unbezahlt den Arbeitern ausgepresst ist.

Der auf Unternehmungsgewinn und Zins vertheilbare Geschäftsüberschuss entsteht, wie gesagt, dadurch, dass kostspielige industrielle Einrichtungen die Wirksamkeit der Händearbeit, die Menge der mit einer gegebenen Arbeitskraft erzielten Produkte, mithin den Erlös, vergrössern. Der Geschäftsüberschuss ist nicht ein Theil des durch den Kapitalisten *gekürzten Lohns*, sondern ein Theil des durch das Kapital *vermehrten Produkts*; er wird nicht den Arbeitern ausgepresst, sondern dem Naturreich abgerungen. Wenn man, wie es oft geschieht, das Wort »Ausbeutung«, als gleichbedeutend mit »Erzielung des höchsten Ertrags« gebrauchen will, so darf man allerdings in diesem Sinne sagen, ›der Unternehmer beutet, vermittelst seines Kapitals, die Arbeitskraft aus‹; — aber damit ist dann gar nicht gesagt, dass er dabei die Arbeiter ausbeutelt.

Der Satz, dass die Arbeit wirklich die einzige Quelle des Tauschwerths bildet, ist ziemlich anerkannt. Ich will Sie natürlich in dieser Beziehung nicht mit Zitaten ermüden, aber ein Zitat von drei Zeilen möchte ich Ihnen doch gern vorlesen, weil es beweist, dass auch Derjenige, den man in Deutschland, wenigstens in praktischer Beziehung, als den Hauptvertreter der herrschenden Richtung betrachtet, Herr Schulze (Delitzsch) gleichfalls vollkommen der Ansicht ist, dass die Arbeit und die Arbeit ganz allein die Quelle des Tauschwerths ist. Er sagt nämlich in seinem Arbeiter-Katechismus wörtlich wie folgt:

„Die Arbeit allein stellt dem Menschen alle nützlichen und nothwendigen Dinge in der Welt zur Verfügung, sie allein schafft alle Werthe, und so kommen wir wieder auf die Arbeit selbst zurück als Urquell alles Vermögens.“

Aus der Bezugnahme auf *Schultze's* Worte ersehen wir, dass an dieser Stelle »Tauschwerth« soviel bedeuten soll, als »alle nützlichen und nothwendigen Dinge in der Welt«, »alles

Vermögen«. Alle Welt aber weiss, dass die nützlichen und nothwendigen Dinge nicht durch Arbeit allein, sondern durch ein Zusammenwirken von Arbeit und Kapital entstehen. *Schultze's* Worte bestätigen gar nicht die Behauptung, dass »die Arbeit *ganz allein* die Quelle« nützlicher Dinge sei. Er sagt nur *Urquelle.* Und wenn man sich in eine vorgeschichtliche Urzeit zurückdenken will, wo noch gar nichts erübrigt war, so mag man logisch setzen, dass die ersten nützlichen Dinge durch Arbeitskraft allein, ohne erübrigte Hilfsmittel erlangt wurden, was schwer genug gewesen sein mag, denn, wie immer, *c'est le premier pas qui coûte.* Seitdem aber, aus diesen ersten Errungenschaften der Arbeitskraft allein, Erübrigungen gemacht und als Arbeitshilfsmittel verwendet worden sind, ist es nicht mehr die Arbeitskraft ganz allein, sondern wesentlich das Mitwirken des Erübrigten, welches die Menschen in den Stand setzt, »Vermögen« herzustellen. Eben so, wenn ein Mittelloser aus seinem Arbeitslohne Ersparnisse macht, mit diesem auf eigene Rechnung ein Geschäft unternimmt und endlich ein reicher Industrieller wird, so ist Arbeitslohn die »Urquelle«, aber doch nicht »ganz allein die Quelle« seines Vermögens.

Aber, sagen einige »Werke der ökonomischen Wissenschaft«, wenn auch die nützlichen Dinge durch Arbeit und Kapital zusammen hergestellt werden, so ist ja Kapital selber nur Arbeit, nämlich »angesammelte Arbeit«.

Diese wissenschaftlich sein sollende Bezeichnung ist nur ein liederlich verkürzter Ausdruck für »angesammelte *Produkte* von Arbeit und Kapital«, wobei gerade auf das Ansammeln, *Erübrigen,* der Nachdruck zu legen ist; denn es kann noch so viel gearbeitet werden, es entsteht dadurch kein Kapital, wenn nicht aus dem Erarbeiteten erübrigt wird. Zu jener Bezeichnung »angesammelte Arbeit« griffen die älteren Volkswirthe, weil sie das Bestimmende des Ertrags vom Kapitale nicht erfasst hatten, und sich aus der Verlegenheit dadurch herauszuziehen suchten, dass sie Kapital zusammenwarfen mit Arbeit, von der sie das Bestimmende erfasst zu haben glaubten in dem »natürlichen Lohn«. Aber von allen diesen Schulfüchsereien abgesehen,

thatsächlich und offenkundig ist zur Herstellung von Unter-
haltsmitteln für eine dichtere Bevölkerung Kapital unerlässlich; für das Entstehen von Kapital ist das Erübrigen, und
zum Antrieb des Erübrigens der Geschäftsgewinn unerlässlich.
Wozu also dieses Spiel mit Wortbezeichnungen? Die Sozialdemokraten können den in der Beschaffenheit der Menschen
und des Naturreichs begründeten Zusammenhang der Dinge
doch nicht dadurch ändern, dass sie blos eine Theorie ersinnen,
welche die Unentbehrlichkeit der Ansammler und des An-
triebs für das Ansammeln ausser Augen setzt.

Ich hatte ursprünglich vor, aber ich will dies unterlassen, Ihnen auch
ein Zitat aus Adam Smith zu verlesen; ich mache Sie aber darauf auf-
merksam, dass Adam Smith, der doch der Begründer der ganzen herrschenden Richtung ist, in seinem Werke „*Wealth of Nations*" deutlich und
bestimmt erklärt, dass aller Kapital-Zins, alle Bodenrente, aller Kapital-
Gewinn lediglich dadurch möglich wird, dass dem Arbeiter ein Theil seines
natürlichen Arbeitsertrages direkt entzogen wird. Diejenigen, die sich für
das Zitat interessiren, können es bei mir später einsehen.

Meine Herren, Sie lachen, ich glaube aber, Sie haben allen Grund,
sich für dieses Zitat zu interessiren. Adam Smith ist derjenige, dessen
Schüler Sie Alle direkt oder indirekt sind: soweit Sie überhaupt national-
ökonomische Kenntnisse haben, haben Sie sie durch Adam Smith oder
dessen Schüler. Wenn Sie heute noch in ein Werk der National-Oekonomie
sehen und Sätze aufgestellt finden, die Adam Smith aufgestellt hat, und
Sätze, die heute aufgestellt werden, so werden Sie sehr wenig Sätze finden,
die neu sind; er hat alle Fundamentalsätze der heutigen Wissenschaft
bereits aufgestellt. Nur über eins könnten Sie sich wundern, nämlich
darüber, wie der Mann den Muth hatte, das so offen und so bestimmt
auszusprechen. Es haben viele Staatsmänner des vorigen Jahrhunderts
das offen und bestimmt ausgesprochen, heute thun sie es nicht mehr; damals war die Frage eine rein theoretische. Es ist schwer, den Zusammenhang der komplizirten heutigen Gesellschaft zu durchdringen; das niedere
Volk. die arbeitenden Klassen hatten damals noch nicht angefangen, sich
um den Zusammenhang dieser Gesellschaft zu kümmern; man konnte ruhig
und offen die Wahrheit sagen, sie blieb in den Kreisen, wo sie nicht ge-
fährlich werden konnte. Heute, meine Herren, das ist nicht zu verkennen,
ist diese Wahrheit eine gefährliche, darum wird sie heute nicht mehr
gesagt, wenigstens nicht mehr von denen, die früher sie sagten.

Die heutigen Volkswirthe sind alle insofern Schüler *Adam
Smith's*, als man erst von ihm überhaupt gelernt hat, dass das

Wirthschaftsleben ein Gegenstand für umfassende wissenschaftliche Forschung ist. Aufgeschlossen hat er die Wissenschaft
der Volkswirthschaft, aber nicht abgeschlossen. Die Aufgaben
der Wissenschaft hat er in unvergleichlicher Klarheit hingestellt,
und zu deren Lösung erstaunlich viel geleistet. Aber zu den
Aufgaben einer Wissenschaft gehört nicht das Aufstellen von
»Sätzen«, sondern nur das Sammeln, Ordnen, Sichten und Erklären von Thatsachen, aus deren gegenseitigem Verhalten sich
Schlüsse ziehen lassen von mehr oder weniger allgemeiner An-
wendbarkeit. Gegen »Sätze«, als Satzungen, Dogmen, und gar
auf die Autorität eines Namens gestützte, muss wahre Wissen-
schaftlichkeit allemal sich verwahren. *Adam Smith's* Ausführungen, so umfassend, scharfsinnig und bewundernswerth sie
auch sind, leiden an dem zwar erklärlichen aber doch tiefgreifenden
Fehler, dass er, aus natürlichem Bestreben nach Erleichterung
seines Gegenstands, überall feste Bestimmungsgrössen suchte,
während es im Wirthschaftsleben gar keine feste, sondern nur
gegenseitig sich bestimmende Grössen giebt. Und die Aufgabe,
stets mit lauter beweglichen Grössen zu rechnen, macht eben
die Volkswirthschaft zu einer so schwierigen Wissenschaft.

Das erwähnte Zitat aus *Adam Smith*, die Einleitung des
Kapitels über Arbeitslohn, ist vom Redner später in einem Flug-
blatte vertheilt worden. *Adam Smith* geht, bei seinem Streben
nach einem festen Anhaltspunkt, von dem Produkt der *ungetheilten*
Arbeit aus, welches der Arbeiter ganz für sich behält, weil
Niemand ihm dabei mit Produktionsmitteln geholfen hat. Dies
nennt *Adam Smith* »den natürlichen Lohn der Arbeit«, wiewohl
es völlig unwissenschaftlich ist, hier vom »Lohn« zu reden,
welcher überhaupt erst als Auseinandersetzung zwischen dem
Kapitalisten und dem Arbeiter auftritt. Auf die *getheilte* Arbeit mit Kapitalshilfe überträgt er diese Vorstellung und iden-
tifizirt das Produkt des Zusammenwirkens von Kapital und
Arbeitskraft mit jenem »natürlichen Lohn«, von welchem demnach Gewinn, Zins und Grundrente nur so viele Abzüge bilden
können. Die Vermehrung des Produkts durch das Kapital
erwähnt er zwar, legt aber auf dieselbe nicht den gebührenden

Nachdruck, weshalb seine Darstellung des vermeinten Sachver-
halts allerdings eine bereite Handhabe für Missdeutung bietet.
Und die sozialistische Theorie weiss solche Handhaben geschickt
zu benutzen. Sie entwickelt sich überhaupt nur durch das
Ziehen der logischen Schlüsse aus fehlerhaften Auffassungen und
unpassenden Bezeichnungen in den »Werken der ökonomischen
Wissenschaft«, deren beste Kritik sie bildet, in Form der
reductio ad absurdum. Die unklaren Volkswirthe sind die Väter
der Sozialisten; und wer noch in den Schulsätzen und aufgestellten »Begriffen« des vorigen Jahrhunderts steckt, der wird
mit ihnen nimmermehr fertig; — einem Solchen setzt z. B. der
erste beste Sozialist den beliebten Begriff »Tauschwerth« als
einen leeren Topf vor, in den er Beliebiges hineinwirft und eben
so Beliebiges herauszieht, und macht ihm damit Taschenspieler-
künste vor, bei denen der Arme, trotz seiner erlernten Para-
graphen, schier irre wird.

Ich komme also zu der Zusammenfassung der Grundlagen, die ich
nothwendig habe, um diejenigen Vorschläge zu begründen, die wir an die
Gewerbe-Ordnung anfügen.

Wenn feststeht, dass wirklich aller Tauschwerth durch die Arbeit geschaffen wird, wenn ferner feststeht, dass die Gründe, auf welche hin die
besitzenden Klassen einen Theil dieses von den besitzlosen Klassen ge-
schaffenen Tauschwerthes an sich ziehen, nichtig sind, so muss man sich
nicht scheuen, die Wahrheit bestimmt und in den richtigen Ausdrücken
auszusprechen, und diese Wahrheit liegt darin, dass die heutige Gesellschaft
besteht aus *Ausbeutern* und *Ausgebeuteten.* Gerade so wie die Sklaverei
nichts ist als ein gesetzlicher Diebstahl an dem Sklaven und seiner Arbeitskraft, gerade so, nur in anderer Form, ist heute die ganze Produktionsbewegung weiter nichts, als ein beständiger *gesetzlicher Diebstahl* der
Besitzenden an den Nichtbesitzenden.

Meine Herren! Widerlegen Sie mich, wenn Sie können! Man hat
das Wort Proudhons, „Eigenthum ist Diebstahl" vielfach ins Lächerliche
gekehrt, aber wenn Proudhon so sagte, so meinte er nicht das Eigenthum,
welches beruht auf der eignen Arbeit, er meinte gerade das heutige Eigenthum, welches beruht auf der Ausbeutung Anderer; dieses Eigenthum hat
er gemeint, und ich bleibe dabei, mit demselben Rechte, wie man bei der
Sklaverei sagen kann, es liegt von dem Standpunkte des natürlichen Rechts
ein gesetzlicher Diebstahl vor, mit demselben Recht ist es auch bei der
Lohnarbeit der Fall.

Die Gründe unserer Abweisung der sozialdemokratischen Ansprüche fassen wir folgendermaassen zusammen:

Da es vor aller Welt Augen zu Tage liegt, dass die heutige Produktenmasse dadurch hergestellt wird, dass die erübrigten Hilfseinrichtungen die Leistung der mitwirkenden menschlichen Arbeitskraft um das Vielfache steigern;

da alle Welt weiss, dass Hilfsmittel zur Vermehrung der Produkte nur dann erübrigt und erhalten werden, wenn der Erübriger Gewinn für sich aus deren Verwendung erlangt;

und da dieser Gewinn nur ein Theil des durch die erübrigten Hilfsmittel bewerkstelligten Mehrprodukts ist, also Niemandem, der ein Anrecht darauf hatte, entzogen wird, sondern nur in Folge des Erübrigens entsteht;

so liegt in dem Unternehmergewinn einerseits eine unentbehrliche Haupttriebkraft des Wirthschaftslebens, die unerlässliche Bedingung für das Vorhandensein der Mittel gesteigerter Produktion; andrerseits liegt in ihm keine Ausbeutung der nichtbesitzenden Arbeiter.

Nun, meine Herren, wenn wir also von dieser Ansicht ausgehen, so werden Sie finden, dass wir das Verhältniss zwischen Kapital und Arbeit als einen Kriegszustand ansehen müssen, und dass wir gewillt sind, den Krieg mit allem Ernst zu führen. Wir sind gewillt, diesen Krieg auf gesetzlichem Boden zu führen in ruhiger und allmäliger Entwickelung. Man muss hier zwei Fragen unterscheiden. Wenn Sie an mich die Frage richten, ob ich es für wahrscheinlich halte, dass dieser Krieg fortwährend auch auf gesetzlichem und ruhigem Boden bleibt, so antworte ich, dass ich dies in Anbetracht des hartnäckigen Widerstandes der besitzenden Klassen nicht für wahrscheinlich halte; aber, meine Herren, wir, die wir als Partei im Staate existiren wollen, wir haben die Pflicht, uns zu überlegen, welche gesetzlichen Mittel zur ruhigen Entwickelung wir vorschlagen können; wir müssen uns ernsthaft vornehmen, den Krieg auf gesetzlichem Boden zu führen, und das thun wir.

Bei dieser Gewerbeordnung, die uns vorliegt, bedarf es kaum der Bemerkung, dass wir in allen Fragen, zunächst in den gewöhnlichen Fragen, die ventilirt werden, mit der linken Seite des Hauses stimmen werden; denn unter allen Umständen vertritt jene linke Seite die Fortentwickelung der ökonomischen Verhältnisse und diese Fortentwickelung kommt in irgend einer Weise auch uns zu gut; wir haben aber noch spezielle Anliegen und diese sind es gerade, die ich hier entwickeln will.

Wenn wir einen Krieg zwischen der Arbeitskraft und dem Kapital organisiren wollen, so müssen wir vorzugsweise darauf sehen, dass die Widerstandskraft der Arbeiterbevölkerung erhalten und dass diese Widerstandskraft erhöht, ja so erhöht werde, dass sie später in den Angriff übergehen kann.

Zu diesem Gerede von einem ›in den Angriff übergehenden Krieg‹ hat die wissenschaftliche Kritik nichts zu sagen. Wenn die Sozialdemokraten erst so weit gediehen sind, dann beginnt für sie die Auseinandersetzung nicht mit der Logik, sondern mit der *ultima ratio* einer Gesellschaft, deren Kraft zur Vertheidigung ihrer Kultureinrichtungen zu sehr erprobt ist, als dass man eine andere Besorgniss, als für die in den Angriff Uebergegangenen hegen könnte.

Es verbleibt mir nun zu sagen, welche Mittel wir für geeignet halten, um in nächster Zukunft und in Anknüpfung an diese Gewerbeordnung dieses Resultat zu erreichen. Ich spreche absichtlich nicht von den letzten Zielen des Sozialismus, weil, meine Herren, mir sonst der Vorwurf gemacht werden könnte, dass ich etwas hineinziehe, was nicht unbedingt zur Sache gehört. Allein eine Bemerkung muss ich nothgedrungen machen. Nämlich der ganze heutige Zustand liegt daran, dass thatsächlich die besitzende Klasse einmal im Besitz der *Produktionsmittel* ist; diese Produktionsmittel schaffen keinen neuen Werth, sie sind aber allerdings nöthig zur Produktion; man kann nicht produziren, ohne sie — was, beiläufig gesagt, gar nichts beweist — indem, meine Herren, diese sämmtlichen Produktionsmittel auch nur Ergebnisse früherer ausgebeuteter Arbeit sind und nichts Anderes, mit Ausnahme des Grund und Bodens, auf den auch Niemand von Gottes Gnaden her irgend ein Recht hat.

Das Einzeleigenthum am Grund und Boden, wenn auch durch gewaltsame Besitzergreifung entstanden, wird aufrechterhalten, nicht im Interesse des Besitzers, sondern im wirthschaftlichen Gemeininteresse, weil es die unerlässliche Bedingung ist für jenen mit reichlichem Kapital industriell betriebenen Anbau, welcher allein bewirkt, dass man daraus Nahrungsmittel für eine dichtere Bevölkerung, beispielsweise viertausend Menschen auf die Quadratmeile, ziehen könne. Wenn von einem gleichen ›Naturrecht‹ am Boden für alle Menschen geredet wird, kann es sich doch nur von einem Recht auf Bodenstücke im Naturzustande handeln, nicht von einem Recht jedes Men-

schen auf ein eingerichtetes Landgut. Bei der thatsächlichen
Unerfüllbarkeit dieses letzterwähnten Anspruchs sehen die Menschen ein, dass ihrem Naturrechte besser, als durch Bodenstücke,
durch Bodenfrüchte genügt wird; und dass sie mehr Nahrungsmittel erlangen, wenn sie dieselben in einem wohlversorgten
Markte gegen sonstige Arbeitsprodukte eintauschen können, als
wenn sie auf einem angewiesenen Naturerbstück unverbes-
serten Bodens ohne Hilfsmittel ihren Mundvorrath selber
bauen müssten. Auf das unfruchtbare Naturrecht an ein erst
fruchtbar zu machendes Stück Boden verzichtet man klüglich
gegen ein freies Marktrecht, welches viel mehr werth ist. Im
Volkshaushalt führen sich alle Rechtsfragen auf Zweckmässigkeits-
fragen zurück, auf Fragen nach Einrichtungen zur Erzielung der
möglichst grossen Menge von Befriedigungsmitteln. Nur insofern eine Einrichtung diesen Zweck erfüllt, ist sie wirthschaftlich berechtigt; und jede Einrichtung, die besser, als die bis-
herigen, diesen Zweck erfüllt, erzwingt mit der Zeit ihre An-
wendung trotz gesetzlich bestehender Rechte; denn das Pro-
duktivere, als das Stärkere, siegt schliesslich unfehlbar im Kampfe
um das Dasein. Dieses Zugeständniss stellen wir der Sozial-
demokratie zum beliebigen Gebrauche hin. Wir bekämpfen sie
nur mit Zweckmässigkeitsgründen, nämlich mit Beweisen, dass
die wirthschaftliche Lage Aller, und zumeist der jetzt Nichtbesitzenden, durch Verwirklichen der sozialdemokratischen Pro-
jekte, wenn solches denkbar wäre, unabsehbar verschlechtert
werden würde.

Also der Missstand liegt darin, dass, wie früher durch unmittelbares
Knechtschaftsverhältniss, durch Gesetze, so jetzt durch die Macht der socialen Verhältnisse — dadurch, dass eine kleine Klasse Weniger die Produktionsmittel in der Hand hat — die grosse Masse des Volkes gezwungen
wird, von ihrem eigenen Arbeitsertrage nur einen geringen Theil zu be-
kommen und den ganzen Ueberrest abzugeben an die Klasse der Besitzenden.
Dies kann sich nur ändern, wenn die Produktionsmittel selbst in der Hand
der Gesammtheit sind. Es ist irrig, wenn man glaubt, der Socialismus
wolle das Eigenthum aufheben: nach wie vor unter der Herrschaft des Socialismus wird Jeder seine *unmittelbaren Bedürfniss-Gegenstände* zu vollem
Eigenthum haben, aber die *Produktionsmittel* sollen im gemeinsamen Eigen-

thum stehen, und dadurch wird sich die Vertheilung, die heutzutage eine
ungerechte ist, in gerechter Weise regeln lassen.

›Unter der Herrschaft des Sozialismus sollen die Produktionsmittel im gemeinsamen Eigenthum stehen.‹ Dann wird
auch das gemeinsame Interesse zu sorgen haben für Erhaltung,
erfolgreichste Verwendung und auch Vermehrung der Produktionsmittel. Sollte sich aber das gemeinsame Interesse hierzu
unfähig zeigen, wie es sich denn erfahrungsmässig zu Vielem
unfähig gezeigt hat, und sollten unter seinen Händen die Produktionsmittel weniger produktiv werden oder gar sich vermindern, dann müsste die Bevölkerung nothgedrungen entsprechend hinschwinden. Selbst wenn, unter der gemeinsamen
Verwaltung, die Produktionsmittel weniger rasch vermehrt werden
sollten, müsste die jetzige Schnelligkeit des Volkszuwachses
vermindert werden, was bekanntlich nur durch Wegsterben der
Kinder in Folge einer allgemein verschlechterten Lebenslage
bewirkt werden kann. Die Erhaltung und Vermehrung der
Produktionsmittel ist von unendlich grösserer Wichtigkeit für
die Bevölkerung im Ganzen als die Vertheilung der Produkte.
Denn so laut man auch über ungerechte Vertheilung klagen
mag, augenfällig ist es, dass von dem Gesammtprodukt viel
mehr durch die Lohnempfänger, als durch die Besitzenden, verbraucht wird. Vergleicht man z. B. bei einer Fabrik die Auslage für Arbeitslohn mit dem für den Unternehmer verbleibenden
Ueberschuss, so findet man, dass jene einen sehr viel grösseren
Betrag ausmacht, den Haupttheil des Erlöses vorwegnimmt.
Die erste Sorge muss immer die sein, dass Viel zu vertheilen
da sei; die Frage, wieviel davon Jeder erhalten solle, steht erst
in zweiter Reihe; denn es könnte leicht kommen, dass wenn
auch die Sozialdemokraten das Gesammtprodukt den Lohnempfängern zuwendeten, diese, bei verminderter Produktion, doch
viel weniger erhielten als jetzt; das zu Vertheilende könnte sich
sehr leicht um mehr, als den jetzigen Antheil der Besitzenden,
vermindern. Die Produktionsmittel in eine unsicherere oder
unwirksamere Verwaltung bringen, um den Produktenantheil
der jetzigen Verwalter den Lohnempfängern zuzuwenden, das

hiesse, die ganze Existenz der Lohnempfänger auf das Spiel
setzen im Haschen nach einer verhältnissmässig geringen augenblicklichen Vermehrung ihrer Befriedigungsmittel. Sollen die
Produktionsmittel übergehen in die Hände von angestellten Ver-
waltern des »gemeinsamen Eigenthums«? Soll der Fabrik Einer
vorstehen, der nur ein allgemeines Interesse hat an dem Geschäftsüberschuss, also an dem Antreiben des Fleisses, an dem
vortheilhaften Einkauf und der Schonung des Materials, an der
guten Beschaffenheit des Produkts, an der richtigen Beurtheilung
der Marktbegehr, und dem passendsten Orte und Zeitpunkte
für das Absetzen? Wo wäre da die Triebkraft für jene Er-
giebigkeit der Produktionsmittel, von der der Unterhalt einer
dichteren Bevölkerung abhängt? Und wo Einer in die Lage
käme, sich auf Kosten des gemeinsamen Eigenthums einen Vortheil zu schaffen, so stände gegenüber seinem persönlichen Eigen-
nutze nur sein gemeinsames Interesse, welches von jenem nur
einen in die Milliontel gehenden Bruch betragen und gar selten
gegen die Versuchung wirksam sein würde. Es ist für jeden
mit dem Geschäftsleben einigermassen Vertrauten schier un-
denkbar, dass die Produktionsmittel und Vorräthe sich sollten
erhalten und wirksam verwenden lassen, wo auf gemeinsame
Rechnung gewirthschaftet würde, d. h. wo man auf allgemeine
Unkosten verwirthschaften dürfte. Und nun gar die Vermehrung
der Produktionsmittel, auf die so viel, ja für die Verbesserung
der wirthschaftlichen Zustände Alles ankäme, wie sollte die bewirkt werden? Etwa durch ein Gesetz, welches jedem Geschäft
das Abführen gewisser Prozente zur Reserve anbeföhle? Aber
man kapitalisirt nicht wie man will, sondern wie man kann;
und im gleichen Verhältniss können weder alle Geschäfte, noch
jedes Geschäft zu allen Zeiten erübrigen. Das Gesetz dürfte
also das Kapitalisiren nur nach Maassgabe des jedesmaligen
Könnens vorschreiben. Wenn es sich aber darum handelte, auf
direkte Befriedigungen zu verzichten für Anlagen, von denen
man nur einen indirekten, kaum sichtbaren Vortheil zu erwarten
hätte, wer würde je zugeben, dass er dies könne? Und wie
gross könnte für die Lohnempfänger der Nutzen sein, um dessen

willen die Sozialdemokraten die Produktionsmittel, die Nahrungs-
quelle Aller, der unzuverlässigen Obhut des Gemeininteresses
übertragen möchten, wobei von dem Schaden, den Einer dem
Gemeingute zufügte, nur ein soviel Milliontel ihn selber träfe?
Wenn man auch voraussetzte, dass die jetzigen Unternehmer die
Verfügung, als angestellte Direktoren, behalten und eben so gut
wirthschften sollten auf gemeinsame, wie auf eigene Rechnung,
so würde nach Besoldung der Direktoren der den Lohnempfängern zuzuwendende Geschäftsüberschuss als Lohnzuschlag vertheilt, keine drei Silbergroschen täglich auf den Kopf durch-
schnittlich ausmachen können. . Und um diese »Hebung der Lage
der arbeitenden Klassen« zu erzielen, brauchte man wahrlich
nicht das ganze Gebäude des Volkshaushalts einzureissen und
die Existenz von Millionen armer Menschen auf ein Experiment zu
setzen, für dessen Gelingen nicht weniger als alle Bürgschaften
fehlen, und bei welchem jedenfalls die Art des Verbrauchs sich
durchgreifend ändern und eine grosse Zahl von Gewerben plötzlich aufhören, eine grosse Kapitalmasse unbrauchbar werden
müsste. Unter dem jetzigen Wirthschaftsgang steigt der Lohn,
wenn das Kapital rascher zunimmt, als die Arbeiterzahl, was
oft stattfindet, weil Produktionsmittel oft sehr rasch sich herstellen lassen, während zum Heranwachsen eines konkurrenz-
fähigen Arbeiters zwanzig Jahre gehören. Und es giebt Mittel
und Wege genug, das Wachsen des Kapitals, die Nachfrage
nach Arbeitern, die Höhe des Lohns noch mehr, als bisher, zu
beschleunigen, darunter Beseitigung aller Verkehrshemmnisse
und Gewerbebeschränkungen, Einschränkung des staatlichen
Verbrauchs, und vor Allem bessere Ausbildung der Arbeiter,
deren vermehrte Produktivität eine raschere Vermehrung der
Produktionsmittel ermöglichen würde. Aber zu den Mitteln der
Kapitalsvermehrung und Lohnsteigerung gehören nicht Bedrohung
des Eigenthums, Störung des Geschäftsgangs und Verkürzung
der Gewinne; denn aus Geschäftsüberschüssen erwachsen vorzugsweise die Produktionsmittel. Und sehen wir näher zu, wie
denn der geschmähte Unternehmer seine übergrossen ungerechten
Gewinne verwendet hat, so erblicken wir Gebäude an Gebäude

angereiht, Maschine nach Maschine aufgestellt, immer grösser,
immer zweckmässiger, und eine Anstalt, welche, im Kleinen mit
wenigen Händen angefangen, jetzt Hunderten von fleissigen
Familienvätern sicheres Brod giebt. Die dem Verbrauch zur
unmittelbaren Befriedigung des Eigenthümers entzogenen und
dadurch erübrigten Mittel müssen, um zinsbringendes Kapital
zu werden, fort und fort verwendet werden zum Unterhalt von
Arbeitern, welche, bei künstlich gesteigerter Leistungsfähigkeit,
jedesmal mehr als das Verbrauchte herstellen, in welchem Mehr
der Unternehmergewinn und der Zins bestehen. Die Kapital-
summe erhalten bei jeder Verwendung die Lohnempfänger zum
Verbrauch, während nur der durch geschickte Verfügung erzielte
Zuwachs dem Besitzenden zu Gute kommt. In unserem jetzigen
als ›Ausbeutung‹ bezeichneten Volkshaushalt heisst Kapitalisiren so viel, als, dauernde Brodstellen stiften für Lohnempfänger.
Die Prämie für solches Stiften neuer Brodstellen ist der Kapitals-
gewinn. Trotz der Grösse der Prämie fanden solche Neu-
stiftungen nicht rasch genug statt, um die erwünschte rasche
Aufbesserung des Lohns zu bewirken. Glaubt man denn etwa,
dass, wenn man die Prämie aufhebt und die Vermehrung der
Brodstellen Solchen empfohlen sein lässt, die keinen direkten
persönlichen Nutzen davon, sondern nur ein indirektes allgemeines Interesse daran haben, alsdann die Sache energischer
betrieben werden und besseren Fortgang haben wird? Kapitalisirt wird übrigens heutzutage in sehr wesentlichem, vielleicht
überwiegendem, Maasse durch Personen in vorgerücktem Alter,
welche, mit gereifter Geschäftserfahrung, allmälig ausgedehnten
Verbindungen und erübrigten Mitteln, sichere und erhebliche
Gewinne machen, während sie, an ein arbeitsames und einfaches
Leben gewöhnt, verhältnissmässig geringe persönliche Bedürfnisse haben, aber doch von dem Verlangen beseelt sind, ihren
Kindern ein glänzendes, sorgenfreies Lebensloos zu bereiten.
Im Greisenalter, nachdem die körperliche Rüstigkeit dahin, sieht
man sie fortarbeiten; ihr Ruhebedürfniss wird überwunden durch
den Sammeltrieb, der in dem Vererbungswunsch wurzelt. Und
gerade die bewährten Erfahrungen und die Vorsicht der Alten

sind für den Erfolg der Produktion von höchstem Nutzen. Aber bei »Produktionsmitteln im gemeinsamen Eigenthume« fiele selbstverständlich die Vererbung, mithin jeder Trieb zum Fortarbeiten weg, sobald Einer das zur Invalidenversorgung berechtigende Alter erreicht hätte. Also würden alle jene jetzt arbeitsamen greisen Mehrer des Kapitals sich plötzlich verwandeln in ausruhende Zehrer! Mit der Aufhebung des Rechts des Einzelnen, Produktionsmittel zu erübrigen und als Eigenthum seinen Nachkommen zu deren Unterhalte zu vererben, schwände selbstverständlich jede Verpflichtung des Einzelnen, für den Unterhalt seiner Nachkommen zu sorgen. Die Sorge für Wittwen und Waisen ginge über auf jene die Produktionsmittel im gemeinsamen Eigenthume haltende Gesellschaft, welche für die Bedürfnisse Aller, so vieler es auch wären, zu sorgen, und zwar »gerechter«, als es heute geschieht, zu sorgen übernähme. Ein schönes Geschäft, die Bevölkerung reichlich verproviantiren zu sollen, wo Keiner für sich arbeiten, Keiner für sich erübrigen dürfte, Jeder ein »gerechtes« Maass der Befriedigung verlangte, und nur das Allgemeininteresse die Mittel zur Produktion des Verlangten schaffen sollte! Hieran scheitert aller Kommunismus und Sozialismus. Allgemeiner Eigenthümer und Erbnehmer sein, unter der Verpflichtung, den allgemeinen Verpfleger und Familienversorger zu spielen, stellt sich doch als ein zu schlechtes Geschäft heraus. Nach aller Erfahrung hat man Menschen, die kein Eigenthum an Produktionsmitteln, kein Recht zu selbstständigen Unternehmungen hatten, nur dann ernähren können, wenn man sie zu Sklaven machte. Und das Verbot des Kapitalerwerbs und des Unternehmens auf eigene Rechnung ist das Wesentliche der Sklaverei; die persönliche Misshandlung, die unbedingte Unterwerfung unter einen fremden Willen ist nur Folge, nur das unerlässliche Mittel, um einen Unselbstständigen, für seinen Unterhalt nicht Verantwortlichen, zu einiger Arbeit zu veranlassen. Das sozialdemokratische Projekt würde das Wesentliche der Sklaverei errichten, — und auch die Folgen nicht umgehen können.

Wer das Wohl der Lohnempfänger fördern will, muss vor

Allem bedacht sein auf die rascheste Vermehrung des Kapitals;
denn stockt diese, vermehren sich die Arbeitsstellen nicht in
dem Maasse, in welchem eine sich wohlbefindende Bevölkerung
naturgemäss zunimmt, dann machen sich die Arbeitsuchenden
die Stellen streitig und drücken den Lohn herab, bis das hin-
raffende Elend das Wachsen ihrer Zahl dem verlangsamten
Kapitalswachsthum anpasst. Und dieser Gefahr wollen sich die
Lohnempfänger aussetzen, weil sie glauben, dass die Prämie
für das Stiften neuer Arbeitsstellen ungebührlich hoch sei, wiewohl, trotz dessen bisheriger Höhe, solches Neustiften
nicht rasch genug vor sich ging, um die erwünschte Lohnsteigerung zu bewirken! Eine Steigerung des Unternehmergewinns dagegen wirkt auf die Kapitalszunahme in
zweifacher Weise beschleunigend; erstens *können* dabei die
Unternehmer rascher kapitalisiren; zweitens haben sie mehr
Anreiz dazu; denn die Aussicht auf den Besitz des erstrebten
Vermögens rückt ihnen dadurch näher, und je näher das Ziel,
um so mächtiger zieht es an. Das Kapitalisiren, wie jedes
Geschäft, wird um so eifriger betrieben, je lohnender es wird.
Die Lohnempfänger würden ihren Lohn am sichersten und wirk-
samsten dadurch steigern, dass sie durch emsiges und sorg-
fältiges Arbeiten den Ertrag des Geschäfts, bei dem sie mitwirken, steigern und damit sowohl die Mittel als den Anreiz
vermehren zur Vergrösserung der Geschäftsanlagen, mithin auch
zur Erhöhung der Nachfrage nach Arbeitern und der Lohnsätze.
Kurz, anstatt sich dem ungesunden Genusse sozialistischer Auf-
regungsmittel hinzugeben zur augenblicklichen Beschwichtigung
ihres Missmuths, gebietet ihnen vielmehr der schwere Ernst
ihrer Lage, gebietet ihnen ihre Pflicht gegen sich selbst und
ihre Familien, als selbstverantwortlichen Männern und vernunft-
begabten Mitgliedern einer Kulturgemeinde, die Wirthschafts-
einrichtungen unbefangen ins Auge zu fassen und sich klar zu
machen, was denn an denselben überhaupt sich abändern und
verbessern lässt, und auf welche Weise, damit sie nicht auf
falschem Wege ihre Kraftanstrengungen verzetteln oder durch
Missgriffe sich unabsehbar schädigen, was sehr leicht geschieht.

Thun dies die Lohnempfänger, unter Fernhaltung aller vom Neid oder von ungeduldigen Wünschen gezeugter Gedanken, so müssen sie doch erkennen, dass sie lediglich vom Erlöse eines Geschäfts, bei dem sie mitwirken, leben und dass es ihnen nur so lange gut gehen kann, als es dem Geschäfte gut geht; dass also ihr eigenes Interesse mit dem des Geschäfts zusammenfällt, wenn auch scheinbar nicht überall mit dem des Inhabers und Leiters des Geschäfts, insofern die Lohnempfänger einen grösseren Theil des Erlöses haben und dem Unternehmer einen kleineren Ueberschuss zukommen lassen möchten. Da aber die Unternehmer eigentlich die Mittel zu den Geschäften erübrigen und zusammenbringen, die Geschäfte mit den Arbeitsstellen schaffen, andererseits die Einrichtungen und das Verfahren theils erfinden, theils auswählen, und den technischen wie den kaufmännischen Betrieb in Spannung erhalten und durch tägliches Verfügen leiten, so liegt die Frage doch nahe, ob denn unter willkürlich vorgeschriebenen Bedingungen, etwa gegen einen Gehalt, jene Leistungen der Urheber und Leiter der Geschäfte zu haben sein werden, ohne welche das Geschäftsleben so plötzlich aufhört, wie das Menschenleben bei einem Hirnschlag. Unter verschlechterten Bedingungen werden jene Leistungen sicherlich sich verschlechtern, folglich das Geschäft leiden, von dem die Lohnempfänger leben. Ist es doch die alte Fabel des Menenius wieder: die Knochen und Muskeln des Wirthschaftskörpers beklagen sich, dass von den Speisen zu viel auf die Ernährung des Gehirns und der Nerven geht! Den Ueberblick des Volkshaushalts in seiner grossartigen Gliederung hat man verloren. Indem man sich beschränkt auf elementare Vorstellungen von Arbeitskraft, Werkzeug und Produkt, verkennt man, dass die Versorgung der Kulturbedürfnisse einer dichten Bevölkerung sich gar nicht durch einfaches Arbeiten bewerkstelligen lässt, sondern nur durch das Ineinandergreifen unzähliger, über den ganzen Weltmarkt sich erstreckender Geschäftsunternehmungen, bei denen der Geist, die persönliche Initiative, die persönliche Verantwortung, die unersetzlichen Triebfedern und Träger sind. Bei dem auf Arbeitstheilung und Austausch beruhenden Volks-

haushalt ist es der Handel, welcher, durch seine Nachfrage,
anweist, was produzirt werden solle und wo; also ist dabei die
kaufmännische Thätigkeit die Hauptsache, und diese ist eine
durchaus geistige, auf Voraussicht, weiten Ueberblick und Berechnung sich stützende. Ohne die Geschäftsführung weiss die
Arbeit nicht, was sie beginnen soll. Der Geschäftsbetrieb ist
das Leitende. Dieser Geschäftsbetrieb hat sich, den gegebenen
Mitteln und Kräften entsprechend, eingerichtet und liess sich nicht
mit gleichem Erfolg anders einrichten; er hält den ganzen
Volkshaushalt in Gang; seine Leistungen sind unentbehrlich.
Wodurch er ersetzt, wie die Wirthschaft auf andere Weise mit
gleich gutem Ergebniss geführt werden könnte, ist gar nicht
ersichtlich. Nur aus völliger Unkenntniss der grossartigen Aufgaben, Kräfte, Einrichtungen, Verzweigungen, Verbindungen und
Ergebnisse des wirthschaftlichen *Geschäfts*, von dessen Gesammt-
leistung unsere Ernährung abhängt, lässt sich die Dreistigkeit
erklären, womit Sozialdemokraten von Eingriffen reden, welche
alle vorhandenen Triebfedern unseres Geschäftslebens beseitigen
sollen, ohne dass sie für den unentbehrlichen Ersatz irgend
einen Anhalt bieten.

———

Nachdem wir den Redner bis zu den ›letzten Zeilen der
Sozialdemokratie‹ verfolgt haben, liegt für uns keine Veran-
lassung vor, auf seine weiteren Auslassungen über das zur De-
batte gestellte Gewerbegesetz einzugehen.

Unseren Zweck werden wir erreicht haben, wenn es uns
gelungen sein sollte, der Geschäftswelt klar zu machen, dass
die Grundlagen der jetzigen volkswirthschaftlichen Einrichtungen
keine zufällige, willkürliche, sondern naturnothwendige, uner-
setzliche sind, und darum sich durch keine Gewalt umstossen
lassen. Darum also keine Besorgniss, wenn Einsichtslose sich
zu Versuchen anschicken sollten, über deren Verkehrtheit ihnen
die Belehrung sehr schnell in herbster Gestalt zu Theil werden
würde; denn auf die mittellose Masse fällt der Schade eines

in weiterem Umfange gestörten Geschäftsganges am raschesten
und empfindlichsten zurück. Und wenn auch, womit gedroht
wird, und was immerhin möglich ist, »auf den Tuilerien von
Paris die rothe Fahne errichtet wird«, dann nur nicht ängstlich
werden und nach einem »Retter der Gesellschaft« rufen; denn
dass eben der erneuerte Störungsversuch von dorther droht, wo
man durch Errichtung einer staatlichen Willkürherrschaft den
Volkshaushalt schützen zu können glaubte, dies beweist eben
die Verkehrtheit eines solchen Zufluchtsmittels. Die politische
Selbstständigkeit müssen sich doch die Besitzenden wahren, um
in eigener Hand jene Fortentwickelung des Volkshaushalts zu
behalten, welche zu dessen Sicherung am meisten dient. Halte
man nur den Kopf oben im Bewusstsein, dass man selber der
Kopf ist; stehe man fest in der Ueberzeugung, dass das Wirth-
schaftsgeschäft, das man vertritt, auf eigenen festen Füssen
steht, dass er sich nicht umstossen, nicht ersetzen lässt, weil
nichts anderes Das leisten kann, was es leistet, und die Menschen ohne seine Leistungen nicht leben können; und was Allen
unentbehrlich ist, das braucht keinen fremden Schutz, das steht
unter dem Schutz der allgemeinen Nothwendigkeit.

Und sagen wir es zum Schlusse rund heraus: Im Gegen-
satze zu dem Naturzustande ungetheilter Arbeit, wo, in Er-
mangelung des Kapitals, die menschliche Kraft allein schaffte,
ist unser Volkshaushalt ein künstliches, vermittelst grosser Erübrigungen von Hilfsmitteln und Vorräthen, mit getheilter
Arbeit und weitverzweigtem kaufmännischen Vertrieb entwickeltes
Geschäft, welches die Besitzenden erfunden und eingerichtet
haben und auf eigene Rechnung und Gefahr betreiben, und von
dem sie, als Geschäftsinhaber, den Gewinn beziehen. Weil sie
unsere wirthschaftliche Kultur gegründet und ausgebaut haben,
erfreuen sie sich reichlich der Früchte ihres grossen Werks. In
dem Maasse, als die Erübrigungen und Verfügungen der besitzenden Geschäftsunternehmer die Mittel zur wirthschaftlichen Verwendung von Menschenkräften vorbereiteten, haben
Nichtbesitzende sich vermehren können. Nicht die Arbeiter
haben das Kapital geschaffen, sondern umgekehrt, das Kapital

hat die jetzige Anzahl der Arbeiter ermöglicht. Die Abschaffung des Kapitaleigenthums, kraft dessen das Kapital entstanden ist und allein fortbestehen kann, wäre gleichbedeutend mit Abschaffung des Kapitals, gleichbedeutend mit Abschaffung der Arbeitermassen selber. Wenn den Sozialdemokraten diese Wahrheit nicht klar ist, der erste Versuch wird sie ihnen klar machen.

Rede des Reichstags-Abgeordneten Dr. Carl Braun.

Meine Herren! Es ist sehr schwer, einem solchen Vortrage, der mehr den Charakter einer lehrhaften Katheder-Auseinandersetzung hat, als denjenigen, wie wir hier Reden zu hören gewohnt sind, einem solchen Vortrage genau zu folgen und jedes Wort desselben richtig aufzufassen und sofort darauf zu erwidern. Ich, meine Herren, werde Ihnen weder das Lehrbuch von Karl Marx, noch das Lehrbuch von Adam Smith vortragen, sondern werde mich auf einige praktische Bemerkungen beschränken, wie ich hoffe, dass sie an ihrem Platze sind in einer Versammlung von Politikern und praktischen Männern.

Was den Schluss der Rede anlangt, die wir so eben vernommen haben, so muss ich gestehen, dass auf mich diese Entrollung der rothen Fahne, diese Drohung mit dem Schrecken und dem Gräuel der Revolution sehr wenig Eindruck gemacht hat. Ich halte die Revolutionen für Naturereignisse, die ein einzelner Mensch und eine einzelne Partei nicht auf künstlichem Wege fabriziren kann; insbesondere glaube ich von dem Herrn Vorredner — trotz aller sonstigen guten Meinung von seinen hohen Kräften und Fähigkeiten — durchaus nicht, dass er persönlich den Donnerkeil der Revolution in seiner Tasche trägt. (Heiterkeit.) Es wäre dies ja auch ein ganz aussergewöhnliches Privilegium, auf das Niemand Anspruch machen darf, der die Gleichheit für alle Menschen als Evangelium predigt.

Ich muss in meiner Erwiderung unterscheiden zwischen dem Herrn Vorredner einerseits, und der grossen arbeitenden Bevölkerung der Welt und insbesondere unseres deutschen Vaterlandes andererseits. Beides ist nicht identisch. Der Herr Vorredner vertritt eine ganz spezielle Anschauung der Dinge; dieser speziellen Anschauung der Dinge hängt *ein Theil* der Fabrikarbeiter an. Aber bei Weitem nicht *alle* Fabrikarbeiter; und selbst die Fabrikarbeiter bilden nicht das ganze grosse *Gros* der Arbeiter, sondern einen verhältnissmässig ganz kleinen Theil davon. Meine Herren! nehmen Sie doch die Statistik der verschiedenen Bevölkerungs- und Berufsklassen zur Hand, die z. B. für Frankreich in einer hohen Vollständigkeit besteht, für England desgleichen, für Deutschland wenigstens annäherungsweise. Sie werden sich aus dieser offiziellen Statistik überzeugen, dass bei uns in Deutschland mehr als die Hälfte von der gesammten Bevölkerung von der Landwirthschaft lebt, und dass von der andern Hälfte der Bevölkerung auch nur ein äusserst kleiner Bruchtheil auf jenen Standpunkt kommt, welchen Herr von Schweitzer hier zu vertreten behauptet. Er hat mit einer sonderbaren Herablassung von dem Handwerk gesprochen, er hat gesagt, dass es nur ein „*verkrüppeltes Ding*" noch sei, das dem Untergange geweiht sei. Er befindet sich hier angesichts der offiziellen Statistik in einem ganz kolossalen Irrthum. Denn das Schuster- und Schneider-Handwerk z. B., so bescheiden es ist, es ernährt viel mehr Menschen, als die Eisen-Industrie, die sich breit macht. Allein das Bauhandwerk ernährt viel mehr Menschen als die Spinnerei und Weberei, die ja auch einen imposanten Eindruck macht. Warum thun sie das? Einfach deshalb, weil diese Fabrikzweige lokal konzentrirt sind, während die übrigen Arbeiter-Beschäftigungen gleichmässig vertheilt sind über das ganze Areal der kultivirten Welt und insbesondere unsres deutschen Vaterlandes. Strafen wir doch nicht diejenigen Arbeitszweige, die in ihrer Bescheidenheit wenig von sich reden machen, deshalb mit Verachtung. Warum sollen wir denn vor einem Schneider oder Schuster weniger Respekt haben, als vor einem Fabrikarbeiter? Warum sollen wir einen Tischlergesellen für ein geringeres Geschöpf halten, als einen Arbeiter in einer Spinnerei oder Weberei? Ich, meine Herren, stelle mich in Betreff der Arbeiterfrage auf einen viel weiter umfassenden Standpunkt, als der Vorredner. Ich verstehe unter dem Begriff „Arbeiter" nicht denjenigen, wie sich der Herr Vorredner ausdrückte — ein Ausdruck übrigens, der mich ganz ausserordentlich frappirte — der seine Arbeitskraft „*auf Tage oder Wochen verkauft*" hat, sondern ich verstehe darunter denjenigen, der überhaupt seine geistigen und körperlichen Kräfte zum Wohl der Menschheit und in seinem eigenen Interesse gebraucht. (Richtig.) Denn wer seine Arbeit nur auf Tage verkauft, ja, meine Herren, das ist kein Arbeiter, sondern ein Tagelöhner im engeren Sinne des Wortes. Wenn wir aber zurückblicken auf die Jahrtausende alte Geschichte der Entwicklung der menschlichen Arbeit, so werden Sie finden, dass der Tagelohn nur eine untergeordnete Stufe in dieser reichhaltigen Geschichte verschiedenartiger Gestaltungen ist. Es kommt in der Geschichte zuerst die Sklaverei; dann kommen die verschiedenen Grade von Hörigkeit, Leibeigenschaft, Erbunterthänigkeit; dann kommt der Tagelohn gegen Naturalien, dann der Tagelohn gegen Geld, dann der Lohn von grösseren Zeiträumen, und endlich kommt der Stücklohn, der bezahlt wird je nach der Zahl und Güte der produzirten einzelnen Werthe; das ist meiner Meinung nach der richtige Arbeitslohn des Kulturzustandes. Wenn wir zurückblicken auf diese lange Reihe von Entwickelungen, so werden wir sehen, dass im Anfang der Entwickelung der Arbeiterverhältnisse die Arbeiter allerdings auf einem ganz erbärmlichen Standpunkte standen, indem sie das verrichteten, was heut zu Tage die vom Herrn Vorredner mit einer gewissen Missachtung besprochenen Maschinen verrichten. Diese Maschinen haben die Arbeitskräfte frei gemacht, emanzipirt, sie haben ihnen die mechanten Sklavendienste abgenommen und sie dadurch zu Menschen gemacht. (Bravo! Ruf: Sehr richtig! — Stimme: Nicht richtig! — Heiterkeit.) So geht die Entwickelung vorwärts. Sie werden zugeben, dass der Arbeiter als Sklave überhaupt kein Mensch war, denn der Herr des Sklaven hat nicht nur die Verfügung über seine Arbeitskraft, sondern er hat die Verfügung über die ganze Familie und über Leben und Tod. Wie können Sie nun sagen: alle diejenigen, die nichts erübrigen —, die nur so viel haben, dass sie davon leben können, oder wie der Herr Vorredner sagte, dass sie essen können, sind Sklaven! Dann wäre die ungeheure Mehrzahl der Menschen Sklaven. Sodann frage ich, was ist ein Sklave? Ein Sklave ist ein Mensch, der der unbedingten Gewalt eines Anderen gleich einer Sache unterworfen ist — eines Anderen, welcher Herr über sein Leben, seine Person und seine Familie ist, und seine Familie jeden Tag auseinanderreissen kann, wie wir das in „Uncle Tom" und anderen amerikanischen Schilderungen zur Genüge gelesen haben. Nun frage ich: meint man es denn gut mit dem Arbeiter, dient man denn den Interessen des Arbeiters,

wenn man ihm sagt: du bist ein elender Sklave, — wenn man ihn in
seinen eigenen Augen zu erniedrigen sucht zu einem Nigger, der gemiss-
handelt, gepeitscht, gefoltert und getödtet und dessen Familie in jedem
Augenblicke auseinandergerissen werden kann? Ich habe eine bessere Meinung von einem Arbeiter. Ich habe die Ueberzeugung, dass uns der Lauf
der Geschichte lehrt, wie die arbeitende Klasse zuerst vom Sklaven zum
blossen Hörigen, vom Hörigen zum Tagelöhner auf Naturallohn und vom
Tagelöhner auf Naturallohn zum Tagelöhner auf Geldlohn und endlich vom
Tagelöhner zum voll geachteten Arbeiter, welcher bezahlt wird je nach
Maassgabe seiner Leistungen, nach Zahl und Güte der Produkte, die er
hervorbringt, avancirt ist, — dass der Arbeiter diese ganze unendliche
Stufenreihe der Fortbildung, die gewiss noch einer weit höheren Entwickelung fähig ist, vor allen Dingen seiner *eigenen* Kraft zu verdanken hat.
Dadurch, dass er seine sittliche, geistige und körperliche Kraft zu steigern
suchte, hat er selbst diese Erfolge erreicht, dass er von einem Sklaven zu
einem freien Manne emporgestiegen ist — nicht durch Staatssubvention,
nicht durch Bevormundung. Denn der Staat, und namentlich der unent-
wickelte Staat der Vergangenheit, hat keine Wohlthaten umsonst gespendet,
keinen Schutz gewährt und keinen Vortheil zu Theil werden lassen, ohne
dem Manne, welcher Wohlthaten und Schutz erhält, zu gleicher Zeit Un-
abhängigkeit und Freiheit zu nehmen. (Abgeordneter Fritzsche: Rinder-
pest!) Aus *meinem* Munde werden Sie nie die Vergleichung eines Arbeiters
mit Rindvieh hören. Wenn Ihnen (Fritzsche) eine solche Vergleichung
geläufig ist — mir ist sie nicht geläufig. (Beifall.) Ich kann in der
That kaum begreifen, welch ein Zusammenhang zwischen der vorausge-
schickten Rede und den Anträgen des Herrn von Schweitzer besteht.
Wenn man diese Rede mit diesem Himmel stürmenden Anlauf vernahm,
so war man, das muss ich gestehen, auf nichts anderes gefasst, als dass
nunmehr sofort die Abschaffung des Eigenthums, die Abschaffung jeder
socialen Ungleichheit, die Herstellung paradiesischer Zustände beschlossen
oder doch wenigstens beantragt werden sollen. (Heiterkeit.) Was ist statt
dessen bei dieser ganzen Auseinandersetzung herausgekommen? — Der
Vorschlag auf Koalitionsfreiheit, den wir ja selbst zuerst und schon sehr
oft gemacht haben, — der Vorschlag zu einer Fabrikgesetzgebung, den
wir ja gewiss nicht bekämpfen werden, — der Vorschlag zu einer amt-
lichen Statistik über die Arbeiterverhältnisse, die uns ausserordentlich er-
wünscht ist, vorausgesetzt, dass sie sich ausdehnt auf *alle* produktiven
Klassen und nicht nur auf einzelne, ganz kleine Partikel derselben, und
endlich ein Lob des Berliner Polizei-Präsidiums. (Heiterkeit.) Ja, um zu
diesem Resultat zu gelangen, dazu brauchte man nicht vorher den Himmel
zu stürmen. Ich gehe nunmehr zu einigen Einzelnheiten. Es ist gesagt
worden, die Faktoren, Tauschwerthe, oder vielmehr die Produktionsquellen,
das seien drei verschiedene, nämlich: 1. der Arbeitslohn, 2. das Kapital
und 3. die Bodenrente, und das sei eine von allen Nationalökonomen an-
erkannte und ganz unbestrittene Sache. Ich muss sagen, diese Aeusserung
ist mir doch im höchsten Grade befremdlich, denn kein Gegenstand bildet
mehr einen Punkt des Streites unter den Volkswirthen, als die Theorie
der Bodenrente; sie wird von der einen Seite eben so lebhaft vertheidigt,
als von der andern Seite lebhaft bestritten. Wenn also alle andern
wissenschaftlichen Voraussetzungen, auf denen der Herr Abgeordnete von
Schweitzer sein System aufgebaut hat, eben so begründet sind, als die
Behauptung, dass hinsichtlich der Bodenrente kein Streit in der Volkswirthschaft bestehe, da muss ich sagen, ich traue diesem Gebäude nicht
zu, dass es auf einer sehr festen Grundlage beruhe. Ich halte alle diese
Streitigkeiten über den »Tauschwerth« und über die verschiedenen Quellen
desselben für ein unpraktisches Schulgezänk. Ich für meine Person kenne
nur *eine* Quelle, und das ist die *Arbeit;* denn auch das Kapital ist Etwas,

was sich durch Arbeit erzeugt, ebenso das, was man fälschlicherweise Bodenrente nennt. Denn wenn eine Grundfläche nicht selbst oder indirekt durch ihre Anlieger, durch Strassen oder sonstige Verkehrsverbindungen, kurz durch Alles, was durch menschliche Kräfte hervorgebracht wird meliorirt ist, wenn sie nicht gleichsam gesalbt ist mit diesem Oele der menschlichen Arbeit, dann wirft sie eben keine »Bodenrente« ab. Zeigen Sie mir doch einmal ein Grundstück, welches eine Bodenrente abwirft, ohne dass vorher alle oder einige dieser Voraussetzungen eingetreten sind! Also sage ich: die Arbeit ist die Quelle von allen diesen Dingen. Nun wird man mir sagen: deshalb muss man auch alle diese Dinge der Arbeit zukommen lassen. Ganz gewiss, meine Herren, aber nichs bloss den speziellen Anhängern des Herrn von Schweitzer. Sehen Sie doch zu, wie das Kapital entsteht! Der Mensch hat ja eigentlich, wenn er vom rein egoistischen Standpunkte ausgehen will, kein Interesse, mehr zu arbeiten an jedem Tage, als er an jedem Tage braucht; vorausgesetzt, dass ihm Gott seine Gesundheit fristet, befindet er sich ja dabei recht wohl. Wenn er darüber hinausgeht, wenn er mehr arbeitet und wenn er mehr spart, als seinen nächstliegenden Gelüsten entspricht, so thut er dies in Folge besonderer sittlicher Motive. Er thut es namentlich im Hinblick auf seine Familie, welcher er zum Beistande verpflichtet ist, so lange er lebt, und welcher er nach seinem Tode gern noch die nothwendigen Existenzmittel hinterlässt, indem er ihr, gleichsam wie die untergehende Sonne, auch nach seinem Untergange noch einen leuchtenden und wärmenden Scheidegruss zusendet. Darauf beruht ja das ganze menschliche Zusammenleben, auf diesen höheren sittlichen Gesichtspunkten, die die wirthschaftlichen Verhältnisse veredeln und beleben. Wollen Sie nun diese Ersparnisse der Arbeit, die sich im Kapital ansammeln wie in dem, was man Bodenrente nennt — ich will einmal diesen Ausdruck, ohne ihn weiter zu beleuchten, gebrauchen — will man das Alles abschaffen, ja dann schaffen Sie in dem Menschen die sittlichen Beweggründe zur Arbeit und zum Sparen ab, und Sie erniedrigen ihn zum Vieh, das auf die Weide geht. Wenn Sie also sagen: das Kapital ist hervorgegangen aus der Arbeit, das Kapital ist gesparte Arbeit, so gönnen Sie das Kapital auch *demjenigen*, der es durch die Arbeit seiner *Vorfahren* gespart hat. Denn die Vorfahren haben nur deshalb gearbeitet und nur deshalb gespart, um es ihren Nachkommen hinterlassen zu können; und wenn sie wissen, dass sie das nicht mehr können, wenn die gegenwärtige Generation weiss, das geht nicht mehr, so wird sie eben nicht mehr arbeiten und nicht mehr sparen, sondern etwa ein Tableau darbieten, wie jenes berühmte Gemälde, das jetzt in einer hiesigen Kunstausstellung alle Blicke auf sich zieht. (Heiterkeit.)

Der Herr Vorredner hat uns gesagt, die Maschinen schaffen keine Tauschwerthe. Ja, meine Herren, um alle die Trugschlüsse zu widerlegen, die in diesem Satz stecken, müsste ich zurückgehen auf eine Auseinandersetzung über den sehr vielfach erklärten und sehr vielfach verschieden definirten Begriff des Tauschwerthes. Allein ich glaube, das nöthig zu haben. Ich erinnere Sie ganz einfach daran, dass ja das ganze wirthschaftliche Leben der Menschen den Zweck hat, möglichst der menschlichen Verfügung die Naturkräfte zu unterwerfen und diese Naturkräfte für das Ganze und für den Einzelnen nutzbar zu machen. Diesen Zweck erreichen doch die Maschinen, und weil sie den Zweck erreichen, so ersparen sie menschliche Arbeitskraft; und weil durch sie die Produkte zahlreicher und billiger werden, deshalb machen sie es ja jedem Einzelnen weit mehr, als es früher der Fall war, möglich, Theil zu nehmen an den Annehmlichkeiten, Nützlichkeiten und Nothwendigkeiten des menschlichen Lebens.

Der Herr Vorredner hat selbst anerkannt, dass eine Produktion *ohne Kapital* nicht möglich ist. Es ist in der That eine Fabrikproduktion ohne Kapital gerade so wenig möglich, wie eine landwirthschaftliche Produktion ohne Grundeigenthum; was in dem einen Falle das Fabrikkapital ist, das ist in dem andern das Grundkapital. Wenn Sie also dem Fabrikkapital den Krieg erklären, so erklären Sie auch dem Grundkapital den Krieg; das ist dasselbe; das eine, wie das andere, ist Produktions-Instrument, welches aber nur nutzbar wird durch die menschliche Arbeit. Nun frage ich Sie: Wollen Sie nun dem, der sein Kapital zur Verfügung stellt, jeden Antheil an dem Gewinne absprechen, — diesem Manne, der täglich das Risiko läuft, sein ganzes Kapital zu verlieren? denn dieses Risiko läuft heut zu Tage Jeder, der sein Kapital in solche Unternehmungen steckt; und wenn er noch so solid ist, so muss er dieses Risiko laufen, denn die Konjunkturen des Einkaufs und Verkaufs ändern sich mit jedem Tage. An dem Risiko dieser Konjunkturen, die nicht auf schwindelhaften Spekulationen beruhen, sondern auf den wechselnden wirthschaftlichen Verhältnissen dieser in allen ihren Theilen enge verbundenen Welt, denen man auch mit der allergrössten Solidität nicht ausweichen kann, — an diesem Risiko der Konjunkturen wollen Sie also den Arbeiter Theil nehmen lassen? Ja, dann muss er riskiren, dass er in jedem Augenblicke einmal auf ein ganzes Jahr seinen Arbeitsverdienst verliert, dass ihm eines schönen Morgens die Bilanz gezogen wird, oder dass er sie sich selber ziehen muss, und dass ihm gesagt wird, oder er sich selbst sagt: Das vorige Jahr hat in diesem Geschäfte nichts getragen, und deshalb ist es mit dem Lohn für das nächste Jahr nichts! Will Jemand an dem Unternehmergewinn partizipiren, so muss er natürlich auch an dem Unternehmerverlust Theil nehmen. Wollte er bloss an dem Unternehmergewinn Theil nehmen, so würde er diesen Gewinn vollständig aufzehren, und es würde dann Niemand da sein, der den Verlust deckte; es würde dann die Reserve fehlen, um den Verlust zu decken. Man würde also jeden Tag blank sein, und der geringste Windstoss würde das ganze Fabrikunternehmen umstossen. Die Produktion würde aufhören, die Arbeit würde aufhören und folglich auch der Lohn. Dies sind die nothwendigen Konsequenzen, über die kein Mensch hinauskann.

Dann ist gesagt worden, der Arbeiter schafft Werthe theils für sich und theils für Kapitalisten. Ja, mit dem Kapitalisten ist es akkurat das nämliche Verhältniss, der Kapitalist schafft auch Werth, theils für sich, theils für seine Arbeiter, denn er nimmt ja auch Theil an den Erträgnissen.

Dann ist uns wiederholt gesagt worden, wer keinen Ueberschuss erzielt, sondern nur für die Nahrung arbeitet, ist ein Sklave. Ja, meine Herren, ich habe die feste Ueberzeugung, soweit ich die Produktions- und Lebensverhältnisse übersehen kann, dass die intelligenten Fabrikarbeiter in den hochkultivirten Fabrikzweigen, jene Klasse von Arbeitern, die sich besonders durch sittliche, körperliche und geistige Kraft auszeichnen, bei Weitem nicht zu den schlechtest situirten Klassen der menschlichen Gesellschaft gehören; und ich füge hinzu, es ist ganz recht, dass sie nicht dazu gehören, sie müssen höher gestellt sein, weil sie sich selber höher gestellt haben durch Ausbildung ihrer Sittlichkeit und Intelligenz. Wenn wir davon sprechen wollen, welche Klasse der menschlichen Gesellschaft die härteste Arbeit und die grösste Entbehrung hat, und wenn wir etwa das Maass der Staatshilfe nach diesem Maassstabe berechnen wollten, dann, meine Herren, kommen wir auf ganz andere Klassen als auf die der höheren Fabrikarbeiter, die glücklicherweise im Stande sind, selbst für sich zu sorgen. Gehen Sie einmal auf's Land und betrachten Sie den mittleren und kleineren Bauer, und betrachten Sie den bäuerlichen Tagelöhner, ob die Leute sich die Vergnügungen gönnen und diejenigen Bedürfnisse befriedigen können, die die Fabrikarbeiter in der Stadt zu befriedigen im Stande sind (Sehr richtig! rechts); davon ist aber nicht im allerentferntesten die Rede; und wenn man nun für eine ganz kleine Minorität von Fabrikarbeitern, die vielleicht nur 10 Prozent, vielleicht auch nur 5 Prozent der ganzen Bevölkerung des Norddeutschen Bundes bildet, eine Staatssubvention, wie es *Lassalle* gethan hat, von 100 Millionen oder 300 Millionen beansprucht, ja wer soll denn das bezahlen? Der Staat ist kein Millionair, er hat nichts in seiner Tasche als das, was auf dem Wege der Steuerzahlung hineinfliesst. Nun würde also doch das Resultat offenbar das sein, dass zu Gunsten einer besser situirten Klasse 50 Prozent der Bevölkerung, die weit schlechter situirt sind, die armen und kleinen Bauern, das ländliche Proletariat, kurz, eine ganze Masse solcher Bevölkerungsklassen, die weit schlechter situirt sind, als diese, dann die 100 oder 300 Millionen Thaler an Steuer aufbringen müssten, diese würden jenen geraubt, damit sie den Anderen geschenkt werden könnten. Ist das Gerechtigkeit? (Abgeordneter von Schweitzer: Niemand verlangt sie!) Niemand verlangt sie? Der Herr Vorredner hat sich ja aber doch auf die Schriften *Lassalle's* berufen, und da steht es drinn, ich habe es aus seinem eigenen Mund auch mündlich predigen hören, es scheint mir also doch, dass es Jemand giebt, der das verlangt und verlangt hat, und diejenigen, die auf seinen Namen getauft sind, verlangen es vielleicht im gegenwärtigen Augenblicke nicht, aber doch früher oder später.

Man hat gesagt, der National-Wohlstand wächst, aber dieses Wachsthum wird nur dem Kapitalisten zu Theil und nicht dem Arbeiter. Das sieht so aus, als wenn die Welt in zwei Rassen, in zwei Menschenklassen getheilt wäre, in Kapitalisten und in Arbeiter. Das ist gerade so wie die Schutzzöllner argumentiren, die die Welt in zwei Klassen theilen, in Konsumenten und in Produzenten. Das ist ja aber Alles ganz grundfalsch. Jeder Mensch ist Konsument und Produzent zugleich, und es wäre sehr schlimm, wenn es nicht so wäre. Jeder Mensch kann in demselben Augenblick Arbeiter und Kapitalist sein, er kann in dem einen Augenblick mehr Arbeiter und in dem andern Augenblick mehr Kapitalist sein; aber diese Eimer steigen ja fortwährend auf und nieder, und ich bitte mir doch einmal mit Ausnahme der allerbest Situirten eine Familie zu zeigen, die Generationen hindurch stets Arbeiter oder stets Kapitalist war; die eine ist Kapitalist, die Kinder bringen das Kapital glücklich durch (Heiterkeit) und die Enkel werden Arbeiter, und die künftigen Generationen vielleicht sind wieder Kapitalisten. Wir leben ja glücklicherweise nicht in China, meine Herren, wir sind ja nicht in Kasten getheilt, wir leben ja in einem wirthschaftlich freien Lande, wo Jeder selbst der Schmied seines eigenen Glückes ist, wo die Wogen des Glückes auf und nieder steigen, und wo wirklich der Bestsituirte nicht weiss, ob seine Kinder und Enkel nicht Fabrikarbeiter, bäuerliche Tagelöhner oder was sonst sein werden. Nun will ich aber auch einmal annehmen, es wäre wirklich so, die Welt wäre wirklich auch bei uns nach chinesischen Kasten eingetheilt, selbst dann ist die Behauptung, dass das Wachsthum des National-Wohlstandes nur den Kapitalisten und nicht den Arbeitern zu Theil werde, unrichtig. Ich will Ihnen das ganz einfach an einem Exempel klar machen. Vergegenwärtigen Sie sich doch, wie heut zu Tage ein verhältnissmässig schlecht situirter Arbeiter lebt, was er zu seinen gewöhnlichen Bedürfnissen braucht, wie er wohnt, wie er gekleidet ist — letzteres können wir ja z. B. auch an den Vertretern der Arbeiter hier sehen — (Heiterkeit) und vergleichen Sie das Alles mit dem, wie noch vor 300 Jahren ein ganz wohlsituirter Arbeiter gelebt hat. Vergleichen Sie, wie bei uns ein Arbeiter lebt und wie in gewissen Gegenden Asiens ein sehr reicher und mächtiger Fürst lebt. Wenn ich die Wahl hätte, ob ich ein Berliner Feuerarbeiter oder ein indischer Fürst am Fusse des Himalaya leben wollte, dann würde ich das Erstere vorziehen. (Heiterkeit.) Sie sehen also, meine Herren, dass der Kulturfortschritt, dass die Steigerung des National-Wohlstandes, kurz dass überhaupt alle menschlichen Güter ein Gemeingut sind, an welchem ein *Jeder* Theil nimmt und von dem Niemand ausgeschlossen ist, der wirklich den guten und energischen Willen hat, daran zu partizipiren. Ich akzeptire deshalb mit Freuden das Geständniss, welches der Herr Vorredner gemacht hat, dass die Vermögens-Ungleichheit durchaus kein Unglück sei; im Gegentheil, ich behaupte, dass die Vermögensgleichheit und die Unabänderlichkeit derselben das grösste Unglück wäre, das je in die Welt kommen kann. (Sehr wahr!) Denn wenn Einer akkurat so viel Vermögen hätte wie der Andere und Jeder wüsste, dass er dies Vermögen nicht vermehren kann, so wäre derjenige ein Thor, der sich des Arbeitens befleissigte; denn der Hang zum *dolce far niente* ist eine uns Allen im tiefsten Grunde des Herzens angeborene Neigung (Heiterkeit), den wir nur aus dringenden Beweggründen, sei es der Beweggrund des Hungers oder die sittlichen Motive des Familien-Verbandes, des Gemeinde-Verbandes und des Staats-Verbandes, überwinden können. Ich muss sagen, wenn ich von dem Kriege gegen das Kapital höre, dann wird es mir immer — ich kann mit einem parlamentarischen Ausdruck dieses Gefühl wirklich kaum bezeichnen. (Heiterkeit.) Denken Sie doch, wie wird es, wenn wir hier Krieg gegen das Kapital führen! Ja, das Kapital ist eine dynamische kosmopolitische Macht, die man nirgend festhalten. Im Mittelalter, worüber der Herr Vorredner auch einige Auseinandersetzungen gemacht hat, war es ganz anders, da waren die beweglichen Werthe noch ausserordentlich gering, die fahrende Habe war verhältnissmässig nur ein ganz kleiner Prozentsatz der ganzen Habe, das Kapital steckte fast ausschliesslich im Grundeigenthum, und dieses Grundeigenthum war gebunden in Kommunal-Verbände, in markgenossenschaftliche Verbände, in ritterschaftliche Verbände, in einzelne Familien, kurz in alle jene Formen und Fälle, die uns ja zur Genüge bekannt sind. Wenn man also damals dem grossen Kapital den Krieg erklärte, wie es ja im Bauernkriege geschehen ist, oder wie es seitens der Kommunisten im sechzehnten Jahrhundert geschehen ist, so konnte man es damals erobern, wenn man die Hand darauf legte, wenn auch das Vergnügen nur kurze Zeit dauerte (Heiterkeit); aber das bewegliche Kapital der *heutigen* Zeit kann man nicht erobern. Wenn man den Krieg erklärt und das Kapital glaubt, was es füglicherweise *jetzt* nicht glaubt, es glaubt, es sei wirklich Ernst und der Erklärer des Kriegs habe wirklich die Mittel zur Kriegsführung, ja — dann ist das friedliebende Kapital so vernünftig und giebt nach, es giebt ein Haus weiter. (Abgeordneter von Schweitzer: Wohin?) Wohin? Ja, es giebt Kulturstaaten die Menge in der Welt! Es geht leider jetzt schon fort; von unserm Preussischen Kapital geht viel mehr in Russische und in Oesterreichische, in Amerikanische und in Rumänische (grosse Heiterkeit) und sonstige Papiere, als mir lieb ist. Also wohin, die Frage beantwortet sich einfach, das sehen wir jeden Tag vor unsern Augen vor sich gehen. Es geht fort, und was dann? wollen Sie *ohne Kapital* die Arbeiter ernähren? das Kunststück soll erst Einer mal machen! (Heiterkeit.) Meine Herren! Wir haben in Deutschland mit diesem Feuer schon einmal gespielt; es sind schon mehr als dreihundert Jahre, da hat der Deutsche Reichstag beschlossen, kein kaufmännisches Geschäft dürfe mehr als 50,000 Thaler Kapital haben; wenn es mehr habe, müsse es abgemeiert werden. (Heiterkeit.) Das war auf dem Reichstage von 1523, wie Sie wissen. Die Antwort darauf war der grosse Bauernkrieg von 1525, der auf das grosse Grundeigenthum dieselben Grundsätze anwenden wollte, die die Grundherren auf dem Reichstage auf das grosse Geldkapital angewendet hatten. Die Strafe folgte hier mit unerbittlicher Nothwendigkeit dem Fehler auf dem Fusse. Und nachher wurde abermals der Krieg gegen das Kapital gepredigt von *Jakob Bockelson* aus Leyden und von *Thomas Münzer* und ähnlichen Wiedertäufern (Heiterkeit), und das Ding wurde so lange hin- und hergeschoben, bis der dreissigjährige Krieg kam und der hat allerdings das Kapital recht gründlich zerstört. Dieser Krieg gegen das Kapital war vortrefflich gelungen, *aber von denjenigen, die ihn an-*

gefangen haben, hat Keiner die Früchte seines Sieges genossen, — und die Andern auch nicht. Das sind Mittel, die reichen Leute arm zu machen, *aber die Armen sind noch niemals dadurch reich geworden.* (Sehr richtig!) Was nun die einzelnen Vorschläge anlangt, so ist ja der Antrag auf Koalitionsfreiheit, wie Sie alle wissen, nicht das privilegirte Eigenthum eines einzelnen Mannes, sondern er ist das Gesammteigenthum von uns Allen; es haben sich alle Parteien dieses Hauses, von rechts sowohl wie von links, für diese Reform erwärmt, und derselben schon lange zuvor Ausdruck gegeben, ohne dass es einer solchen Anregung bedurfte. Auch die Bundesregierung hat sich beeilt, diese Forderung als berechtigt anzuerkennen, und es hätte also hierzu solcher Diskussionen, die den ganzen Zustand des wirthschaftlichen Zusammenlebens der Menschheit tangiren, nicht bedurft.

Was die Straf-Gesetzgebung anbelangt, so ist auch dafür in dem Gesetz-Entwurf das Wesentliche vorgesehen; ob Einzelnes verbesserungsfähig und bedürftig ist, das werden wir sehen. Ich halte es aber für einen Irrthum, wenn man sagt, die Strafen sind mir nicht streng genug. Ja, meine Herren, die *allzustrengen* Strafen wirken bekanntlich am allerwenigsten, weil sie nie gehandhabt werden. Ich erinnere Sie daran, dass unser ganzes Strafrecht von der Strenge zur Milde vorgeschritten ist.

Vor drei bis vierhundert Jahren war der Gesetzgeber sich im Voraus bewusst, dass seine ganze Maschinerie in Betreff der Entdeckung von Bestrafung von Verbrechen so schlecht konstruirt sei, dass es nur in Ausnahmefällen der Justiz gelingen werde, eines solchen mit Sicherheit habhaft zu werden. Im Bewusstsein dieser gänzlichen Unbeholfenheit gedachte der Gesetzgeber durch furchtbare Strafen seinen Zweck zu erreichen; er verordnete also Pfählen und Hängen und Köpfen und »etzliche Griffe mit Glühenden Zangen« (Heiterkeit) und wie diese schönen Dinge in der *Carolina* heissen. Hat das aber gewirkt? hat es deshalb weniger Verbrecher gegeben als heutzutage? Nein, im Gegentheil, die Wirksamkeit der Strafe besteht nicht in ihrer *Grausamkeit und Härte,* sondern darin, dass sie *schnell, regelmässig und sicher* eintritt, d. h., dass nicht eine einzige Kontravention lange ungestraft bleibt. Und so muss meiner Meinung nach auch dieses Strafrecht konstruirt werden; das ist ja der Grundsatz, auf dem unser modernes Strafrechts-Gesetz überhaupt beruht.

Was den Normal-Arbeitstag anlangt, so bin ich für meine Person durchaus kein absoluter Gegner dieser Idee; man muss nur erst wissen, was darunter verstanden ist, denn verschiedene Menschen denken sich darunter sehr verschiedene Dinge. Wenn man darunter dasjenige versteht, was schon seit langen Jahren der französische Nationalökonom *Louis Wolowski* wissenschaftlich vertheidigt hat, und was ihm zum Theil gelungen ist, in die französische Gesetzgebung einzuführen, denn sage ich mit Hand und Herz Ja dazu; wenn man aber andere Dinge darunter versteht, wie sie zum Theil auch in Frankreich ausgeheckt worden sind, dann sage ich Nein! Jedenfalls aber sage ich dem Herrn Vorredner: Machen Sie uns Ihre Vorschläge, und wir werden sie gründlich und gewissenhaft prüfen, und werden sie vor allen Dingen prüfen im Interesse der produktiven Klassen der bürgerlichen Gesellschaft! Meiner Meinung nach hat Niemand von uns Allen, er möge gestellt sein wie er wolle, das Recht, zu sagen, ich allein vertrete die Rechte der produktiven Klassen der bürgerlichen Gesellschaft; ich hoffe, meine Herren, die vertreten wir alle. (Sehr richtig!) Niemand hat auch das Recht, zu sagen, ich bin der allein seligmachende Erlöser und meine Lehre ist die allein wahre; Niemand hat das Recht, zu sagen, wer meiner Lehre nicht anhängt, der ist ein Ketzer, und den denunzire ich dem souveränen Unwillen oder der persönlichen oder sachlichen Zerstörungslust meiner Anhänger. Dazu ist Keiner von uns berechtigt. Wir Alle wissen, dass die Verbesserung des Looses der produktiven Klassen von zwei Dingen abhängt: erstens von dem *allgemeinen* Kulturfortschritt der Menschheit, der jedem Einzelnen von uns, auch dem Geringsten unter uns, auch zu *seinem* Theile zu Gute kommt, und zweitens von der eigenen Thätigkeit dieser produktiven Klassen, davon, inwieweit sie im Stande und Willens sind, ihre geistige, ihre sittliche und ihre körperliche Kraft zu verwerthen; denn nach Maassgabe dessen wird die Verbesserung ihres materiellen Looses vorschreiten. Es ist ja gewiss, diese Dinge haben sich so ausserordentlich schnell entwickelt, die industrielle Thätigkeit hat bei uns einen so raschen Aufschwung genommen, dass ihr die Gesetzgebung in sehr vielen Stücken nicht hat folgen können. Ich gebe auf das Bereitwilligste zu, unsere Gesetze sind mangelhaft und bedürfen, namentlich was das Loos der produktiven Klassen anlangt, in vielen Stücken einer Verbesserung; aber haben wir jemals irgend Jemandem, der uns eine solche Verbesserung vorschlug, das Gehör verweigert? haben wir nicht selbst alles Mögliche gethan, um Maassregeln auszusinnen, wodurch diese Verbesserung nicht nur für den Augenblick bewirkt, sondern auf die Dauer gesichert werde? Diese Aufgabe können wir nie und wollen wir nie zurückweisen! Aber um diese Aufgabe auszuführen, müssen wir uns bewegen auf dem Boden der wirthschaftlichen Naturgesetze, die noch kein Gesetzgeber, kein Projektenmacher, kein Agitator ungestraft mit Füssen getreten hat. Thun wir doch ab diesen Aberglauben an die Allmacht des Staates oder an die Allmacht der Gesetzgebung! Der Staat und die Gesetzgebung sind menschliche Dinge, sie sind jeden Tag der Verbesserung fähig, sie können keine Wunder wirken, sie können nicht über Nacht den nationalen Reichthum verdoppeln und ihn anders distribuiren oder dislociren; wenn Sie jemals diese Aufgabe in die Hand nehmen wollen, so würden Sie sich selbst und Andere ruiniren. (Sehr wahr!) Ich weiss kein anderes Mittel für die betreffenden Klassen, für deren Wohl wir uns Alle interessiren, als dass sie nicht Alles von der Staatshilfe erwarten und überhaupt nicht auf fremde Hilfe warten, sondern dass sie ihren sittlichen Ernst, ihre Willenskraft und ihre geistige Potenz zusammenraffen und sich sagen: hilf Dir selbst! (Lebhaftes Bravo.)

Druck von Alb. Sayffaerth (vorm. Otto Schröder) in Berlin, Prinzenstr. 27.